人生을 위한 交響曲

장순휘 시인 제6개인시집

人生을 위한 交響曲

인생을 위한 교향곡

도서출판
(주)동서문화출판사

자서문(自序文)

시인의 삶에서 깨달은 '시는 인생 친구'

어느덧 인생이 고희(古稀)를 향하여 다가가는 세월이다. 성쇠영욕(盛衰榮辱)을 거쳐본 나이는 되니 새삼스럽게 인생이 반추(反芻)되는 바가 적지 않다. 삶의 시간만큼 사유(思惟)하는 깊이와 폭의 변화를 겪으며 익어가는 계절을 걸어가는 중이기에 생각이 많다. 60대 후반에 들어서니 로댕의 '생각하는 사람'처럼 턱을 괴고 앉아서 고뇌하는 모습을 다시 살펴보게 된다. 결코 쉽지않은 자세가 보였다. 오른팔을 왼무릎 위로 얹은 자세는 기형적인 자세로 신체적 통증을 동반하는 매우 불편한 자세가 맞다. 이 작품은 원래 단독작품이 아니라 대형조각군 '지옥의 문'의 일부로 제작되었고, 단테의 '신곡(神曲)'에서 영감을 받았다고 한다. 로댕의 복선(伏線)은 인간의 보편적 사유와 철학적 질문의 상징으로 인생의 존재적 형상화를 표현한 것으로 보인다. 그 철학적 질문은 "나는 누구인가, 왜 사는가, 어디로 가고 있는가?"하는 생자필멸(生者必滅)의 실존적 가치를 자신에게 던져서 불완전한 인간의 고통과 죄에 대하여 묵상하며 종교적 구원을 추구하는 것으로 귀결될 것이다. 동시에 "나는 지금 무엇을 생각하는가?"를 자문한다.

인생길의 기상도는 결코 맑은 날씨만 있지는 않았다. 비, 바람, 안개, 눈으로 얼룩진 변화무쌍한 세월을 헤쳐나가며 땀과 눈물에 젖은 빵을 얼마나 먹었던가? 그렇게 다져진 삶의 계단을 딛고 오르며 시인으로서 삶과 나눈 눈물겨운 대화의 결실이 또 하나의 시집으로 만들어졌다고 볼 수 있다. 시인으로서 살며 사랑하며 고뇌하며 오르던 문학고지에서 제6집 『인생을 위한 교향곡』을 출간하였다. 칠순을 향한 여정에서 빚어낸 작품들은 다소 정제된 표현과 숙련된 싯구가 엿보여서 작은 위안은 되었지만 세상에 내놓는 순간부터 부족한 자아성찰로 돌아오리라 두렵다. 그럼에도 불구하고 졸시들은 나의 영혼을 자유롭게 사랑해 주었다고 확신한다. 시와 대화하는 동안은 무념무상의 실존적 자아를 탐닉하며 끊임없이 비상(飛翔)할 수 있었기 때문이다.

제6집 『인생을 위한 교향곡』의 주제는 삶의 진화적 성찰이다. 이처럼 인생은 성장의 돈좌가 아니라 진화의 행군이다. 그 과정에서 악기 몇 개의 연주가 아니라 다양한 삶이 오케스트라처럼 화음을 내어 '인생교향곡'을 만들어내는 것이다. '인생을 알고보니' 구름·비·바람·눈보라의 날씨의 조화이고, 봄·여름·가을·겨울의 계절의 변화이며, 새벽·아침·낮·저녁·밤의 시간의 반복이 희노애락과 생노병사로 연주되는 교향곡 아닐까? 이제 시인의 시간은 저녁을 맞을 것이고, 가을이 오래 머물기를 바라지만 때로는 초겨울 같기도 하다. 물론 현직에서 일하는 행운을 얻었기에 인생의 가을을 조금 더 길게 즐기고 싶다. 인생의 가을을 연장하는 필수적 요소는 명덕유형(明德惟馨)의 인간관계에 있음을 자각해야 한다.

제6집 『인생을 위한 교향곡』은 <제1부 인생사 냄비속에서>, <제2부 인생 알고보니>, <제3부 그립다는 생각과 말의 차이>, <제4부 호국의 별이 되어 반짝인다면>로 구성하였다. 특징적으로 <제4부>가 추모시, 헌정시, 축시, 기념시, 전승비 헌시 등 각종 행사에서 초빙되어 쓴 시모음으로 엮었다는 점이다. 각종 단체로부터 호국애국시 요청이 많이 들어왔다는 점에서 졸시가 사랑받고있다는 성장된 위상과 진화된 사유가 제6집에 농축되어 있다고 자평한다.

1978년 이래 47년간 동행한 졸시는 메타포(metaphor)로 표현된 사초(史草)이기도 하고, 호국문학의 지향점을 추구하여 문단에서 작은 명성을 얻고 있다. 그리고 문단에서 외면당하는 호국애국시를 화랑대문인회 회원들과 함께 매년 6월25일부터 7월27일까지 전쟁기념관에서 시화전을 개최하고 있다.

시인으로 살아온 삶에서 궁극적으로 '진정성(眞精誠)'의 인생철학적 가치관을 정립한 것은 큰 결실이다. 정성(精誠)은 자체가 '참되고 성실한 마음'을 의미하지만 진(眞)을 만나서 '더욱 순수하고 참된 정성'의 신조어(新造語)가 된다. 즉 '진정성(veri-sense)'은 단순한 성실함을 넘어 진실한 노력과 헌신봉사를 뜻하는 강인한 삶의 성실한 태도이기에 인생의 좌우명으로 실천하며 살고자 한다. 그리하면 '진정성'은 시를 통하여 인생에게 무엇인가를 남겨줄 것이다.

을사년 벽두부터 시국은 혼돈이다. 대한민국의 자유민주주의가 부지불식간에 백척간두에 서있다. 파사현정(破邪顯正)의 화두로 부정척결(不正剔抉)을 해야 산다. 자유와 정의를 지키기 위해 나아가야 할 때, 침묵은 더 이상 미덕이 아닌 비굴이다. 육사인으로 걸어온 우국충정(憂國衷情)의 삶을 견지하며, 정론직필(正論直筆)의 길에서 벗어남이 없을 것이다. 특별히 올해는 강재구 소령 순직 제60주년의 해이고, 인천상륙작전 제75주년의 해로서 뜻깊은 행사가 예상된다. 6·25전쟁 제75주년이기에 호국문학이 국민의 사랑받을 수 있도록 최선을 다하고자 한다. 국내 유일한 제3회 호국애국 시수필화전을 전쟁기념관에서 문학적 축제로 추진할 것이다.

돌이켜보니 인생의 길에서 시는 변함없이 친구로서 희노애락을 함께하며 걸어주었다. 시가 있었기 때문에 흔들리면서도 중심을 잡고 정진할 수 있었다. 고희를 향하는 길목에서도 시는 변함없이 동행할 인생친구이고, 중단없는 대화는 시어(詩語)로 엮어졌다. 나의 시는 시인의 사유를 시어로 받아주었고, 영혼의 자유를 빛나게 해주었으며, 삶의 유산으로 불멸의 인생을 만들어주었다. 유한한 삶에서 멋진 시비에 새겨진 시인의 이름은 시라는 친구의 선물이 아닐까.

제6집 『인생을 위한 교향곡』에서 다소 미숙한 작품은 진화의 과정으로 너그럽게 읽어주시기를 바란다. 그래서 형이상학과 형이하학의 절묘한 교향곡으로 연주되는 것이 인생이기에 결국 인간의 한계선 상에서 신의 자비로운 지휘에 기대하며 살고지는 것이다. 제6집 『인생을 위한 교향곡』을 넘어서 제7집을 향한 도전은 계속될 것이기에 많은 성원을 앙망한다. 그리고 "나는 지금 무엇을 생각하는가?"의 답을 찾았다면 '진정성'이고 싶다. 감사합니다.

2025년 3월 3일

恒山齋에서 恒山 蔣 舜 輝 拜上

목 차(Contents)

제 I 부
인생사 냄비 속에서

12 / 인생을 위한 교향곡
14 / 인생사 냄비 속에서
15 / 연못에 비추인 추억
16 / 비오는 날의 스케치
17 / 인생여정
18 / 달빛에 비추인 추억
19 / 고추잠자리
20 / 망향의 정
21 / 단풍들었거니
22 / 인생 6학년
23 / 숲의 생명은 새소리
24 / 천년주목
25 / 정으로 녹이는 삶
26 / 꽃비
27 / 노을 빛나는 길
28 / 안개 흐린 공항
29 / 운명처럼
30 / 찰나
31 / 운명의 길이 아니었던가
32 / 본향 원산을 그리며
34 / 을사년 그 푸르른 미래를 꿈

제 Ⅱ 부
인생 알고보니

38 / 인생 알고보니 1
39 / 인생 알고보니 2
40 / 인생 알고보니 3
41 / 인생 알고보니 4
42 / 인생 알고보니 5
44 / 목소리 마스크
45 / 한숨소리
46 / 그리움의 끈
47 / 짜증타령
48 / 약속의 함의
49 / 춘이불사춘
50 / 인생 체면살이
51 / 삶의 재활
52 / 인생이 전철을 타고
53 / 때에 이르러서
54 / 행복론
55 / 새소리 1
56 / 새소리 2
57 / 새소리 3
58 / 새소리 4
59 / 싱크대 아가
60 / 코로나19의 가설과 치유
61 / 새 아침의 노래
62 / 첫눈의 겨울 아침

제 Ⅲ 부
그립다는 생각과 말의 차이

64 / 사랑이란
65 / 사랑별
66 / 사랑한다면
67 / 별이 우는 밤
68 / 마음에 피는 꽃
69 / 애사
70 / 사랑의 불씨
71 / 그립다는 생각과 말의 차이
72 / 초코렛 향기
73 / 벚꽃잎 사연
74 / 사람의 향기
75 / 시와 사랑
76 / 시인은 왜 사는가
78 / 자작나무 숲으로 걸어요
79 / 호변의 산책
80 / 가을이 오면
81 / 별밤의 여백
82 / 상심의 시간
83 / 기다림
84 / 봄날의 천사 아가
85 / 크리스마스의 향연

제 IV 부
호국의 별이 되어 반짝인다면

88 / 군웅 강재구 소령은 화랑대의 불사신이라
90 / 호국의 별이 되어 반짝인다면
92 / 조선의 의병장 윤희순 의사는 불꽃이시라
94 / 꺼지지 않는 우둥불 철기 이범석 장군
96 / 천안함은 오늘도 서해를 지키고있다
98 / 더 찬란한 오성장군의 빛으로
100 / 우리에게 남겨진 혁명과업을 완수하라
102 / 목련이 필 때면
104 / 국가를 보위하신 각하의 영전에
106 / 그 장렬하신 죽음으로 나라를 구했나니
109 / 바라만 볼 수 없지 않은가
111 / 현대사의 낙동강 전선에서 이겨야 산다
113 / 코리안 엔젤의 영원한 비상이여
116 / 세계에 피어나는 월드킴와 사랑이여
118 / 우리들이 캐낸 것은 기적이었습니다
120 / 유럽 한인 100년의 발자취는 약속의 꿈
122 / 한일 우호의 다리를 걸어서 현해탄을 건너야한다
124 / 구국의 전승 춘천대첩이여
126 / 박진 전승
128 / 호국영령의 충혼가
130 / 대한민국을 회복하신 여호와 닛시
132 / 인천의 꿈 대한민국의 미래
134 / 불멸탑의 육사혼
136 / 화합으로 미래를 이끌어갈 추성들이여
138 / 진화성을 위한 노래

시인 장순휘를 말하다

134 / 공파(共把) 이석복(수필가, 화랑대문인회 회장, 예비역 소장)
136 / 박종규(시인, 대지문학회 회장, 목사)
138 / 신재(信材) 주은식(한국전략문제연구소장, 예비역 준장)

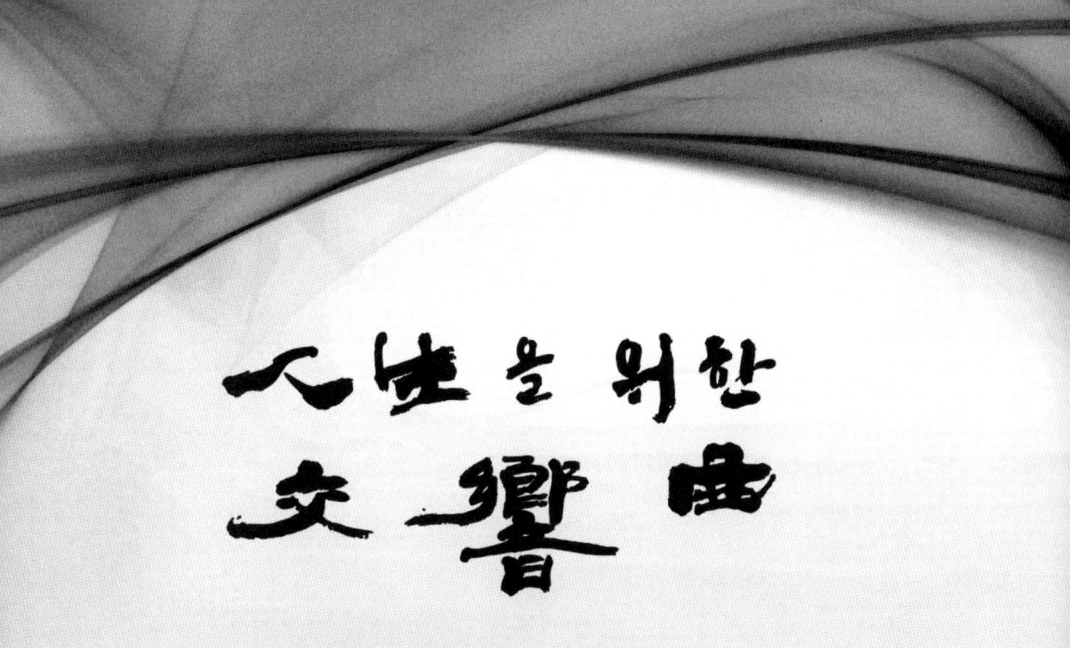

제 I 부
인생사 냄비 속에서

인생을 위한 교향곡
-왜 인생은 각본없는 드라마일까?-

(1)
불빛마저 숨죽인 향긋한 숲속에는
포근하게 감싸는 안개의 노래가 있다

그 안개꽃에 쌓인 풀잎의 숨결은
유명한 비발디의 사계를 연주한다
나비가 난다 벌이 춤춘다 꽃들이 웃는다
그러다가 내리는 이슬비는 꿀처럼 달다

이 모든 만물과 생물이 하나로 어울어진 숲길
그 길이 바로 우리네 인생이야기다

왈츠와 탭댄스가 엇박자를 내도
숲속의 페스티벌은 언제나 누구에게나
모두들에게 가슴 설레게하는 삶의 무대로
알고보면 처음이자 마지막인 시간의 여행이다

(2)
담배연기의 윤무처럼 아름다운 춤사위가 있을까
문을 열면 만나는 수많은 사람들의 발걸음
그 속에서도 라벤다향의 숨결이 있다

거울에 비친 자화상을 보는 화려한 미소
오래전부터 익숙했던 연기의 반복
관조하는 시선으로 찬란한 선율이 흐른다

그리고 행복조차도 잊고 다시 기다리는 여정이다
어느 누구에게든 꿈꾸는 드라마가 있다
그런 인생이기에 누구든지 각본없이 연기를 한다.

인생사 냄비 속에서

끓어오르는 냄비 속
붉게 타오르는 열정의 국물
그 안에서 우리는 꿈을 삶고
희망을 저으며 살아가는 삶

무궁화 피어나는 나라에서
이웃과 함께 향기를 섞으며
서로를 정겹도록 나누며
조금씩 깊어질수록 맛깔나는 국

때론 짠맛, 때론 단맛, 신맛
가끔은 쓴맛도 스며들지만
모두가 어우러져 완성되는
우리가 끓여가는 인생 한 그릇

뜨거울수록 진한 향이 피어나고
천천히 우려낼수록 깊어지는 삶
인생사 냄비 속에서
오늘도 우리는 함께 끓고 있지요.

연못에 비추인 추억

추억이 고여있는 연못에는
별들이 발을 담그고 있다

공원의 가로등이 깜빡이듯
결국 내 기억도 흐려질까

만질 수 없는 아련함이
그리움으로 스쳐 지난다

주홍빛 노을이 엷게 물들면
아픔조차 안고 어두워지고

상념의 시어들을 줄 세워서
작고 이쁜 시비詩碑라도 만들어볼까

그러면 달도 별도 우리가
연못에서 함께 만날 수 있을텐데……

비오는 날의 스케치

비가 내리면 펴드는 우산아래서
어제 본 달을 오늘 볼 수 없으리라

그러나 비온 뒤 개인 밤하늘에
별빛이 더 반짝인다면 위로가 되리니

가야할 길이 아주 먼데
비가 오는 길은 추적거린다
펼친 우산의 옆공간으로 끈적거리는 빗방울은
결국 지친 삶을 무겁게 하는 원인이 되리라

풀릴 듯 풀리지 않는 그러나 풀어야하는
삶의 수수께끼는 언제 풀어야할까
그 열쇠는 시간일까 사람일까 행운일까

장맛비는 퍼붓는데 젖어오는 신발 속 양말
칙칙한 기분이 서서히 올라와서는
걸어가는 빗길에 흥미를 더 하는 건 왜일까?

인생여정 人生旅程

(1)
돌이켜보면 혼자서는 갈 수 없는 길
함께 걸었기에 다다를 수 있는 길
그 길이 오늘의 이 길 입니다

마음이 통하여 할 수 있고
믿음이 있기에 함께 갈 수 있는
조심조심 걸어온 여정 입니다.

우리만의 행복으로
우리만의 기쁨으로
후회없이 걸어온 이야기 입니다

(2)
그대를 우선하는 존경과
그대를 위한 진정한 위로와
그대를 향한 눈부신 춤사위 입니다

더 가야할 길에 비바람있더라도
손에 손잡고 마음 하나로
더 잘 할 수 있는 우리 입니다

문학산에 비추인 보름달의 미소가
사랑 가득 담아 향기로 피어나는
진솔한 눈빛이 우리네 사랑입니다.

달빛에 비추인 추억

도시에 뜨는 달이나
시골에 뜨는 달이나
바라보기는 매 한 가지
그런데 왜 달을 바라보다 눈물 지을까

달빛은 그리움이다
그래서 바라보며 나를 너를 추억하고
잊혀진 얼굴을 찾으면 눈시울 적신다

저 달 속에 계수나무 옥토끼가 없는 줄
언제부터인가 알았지만
우리네 마음이 있다면 있는 것 아닐까

한가위 추석 보름달에
어머님 아버님의 미소가 보인다
산다는게 알고보면
죽어가는 시간여행
보름달이 비치는 오늘은
어르신들 생각에 외롭지 않다.

고추잠자리

가을 하늘이 아득히 파랗다
세상에 갓 나온 고추잠자리
도시의 숲을 휘젓고 노닌다

한 순간 내 손에 잡힌 채로
다시 날겠다고 퍼득이는
비단결 날개짓이 안쓰럽다

고추잠자리의 날개 바람에
내 동심을 실어보내고
보낸 마음 빈자리로 고추잠자리가 날아오른다.

망향의 정

고향에는 꽃으로 피어
꽃향기 내며 사는
꽃같은 사람들이 살더이다

척박한 땅에 홀씨로 남겨져
낯선 비바람 맞으며
여린 뿌리내려 생명으로 핀 꽃

그 꽃이 사랑한 고향을 향해
모진 세월 이겨낸 꽃잎마다
눈물내음 꽃향기가 나더이다

고향에는 꽃으로 피어
꽃향기로 빛이 된
순수한 사람꽃들이 많이 피어있더이다.

단풍 들었거니

때 이른 낙엽이 가로수 아래에
비로소 여름이 지났고
이제사 가을이 왔음을
어김없이 가리키는 계절의 노래

녹푸른 잎새들의 장렬한 산화散華가
시작되는 산들계곡의 향연은
물결치는 오색의 불꽃연주
눈부신 색감의 교향곡 작품번호 2016

향수鄕愁를 가득 담아
고향마을의 가을을 찾는 마음은
이미 단풍이 물들었거나
그 마음에 단풍 들었거니.

인생 6학년

10월의 마지막 밤은 절박하다
절박함이 주는 무드는 진지하다
이제 더 무엇이 감추어야 할 비밀일까?

한편으론 허물있음에 훈훈하다
또 한편으론 부족있음에 풋풋하다
약점이 하나 더 있다고 장애일까?

가족과 친구와 건강의 삼원색이
인생 6학년에게 무지개로 채색되는
세월의 익어감에 행복도 꿈도 멋지다.

숲의 생명은 새소리

언제나 그 새소리는 그 소리
이 새소리는 이 소리
저 새소리는 저 소리
그래서 듣다보면 새소리는 잔소리다

그 새소리 싫어도
이 새소리 시끄러워도
저 새소리 요란해도
언제나 잔소리처럼 들어야한다

그러나 새소리가 없는 숲은
이미 숲이 아니다
그냥 목재木材들일 뿐
생명의 그늘이 아니다

살아있는 숲에는 새소리가 있다
그래서 새소리는 숲의 생명이다
새소리는 그 생명의 무지개다
더 이상 잔소리라 하지 않는다

그 새소리, 이 새소리, 저 새소리가
그렇게 이렇게 저렇게
숲에서 하모니로 퍼질 때
누가 잔소리라 할거나.

천년 주목

(1)
늘 그렇듯이 서울의 하오는 바쁘다
내 차나 지나는 차들이나 다들 바쁘다
산다는 것이 축복인 것을 새삼
느껴보는 가을이다

화랑대의 평온함이 나라의 태평이기를
보슬보슬 가을비가 내려도 비는 마음
촉촉이 대지를 적시는 하오는
발걸음 남다른 축제의 시간이다

(2)
한 삽 두 삽 떠서 만드는 나무자리가
꽤나 깊은 듯해도 더 파라는 채근을 뒤로
백년도 못살면서 천년을 살 것 같은 인생들
천년 주목 한 그루에 설레임은 왜 일꼬

반듯하게 세운 주목 하늘 향해 우뚝 섯고
곧게 뻗은 자태로 붉은 색조를 띠우니
늘 푸른 잎새가 곱디곱게 손짓하며
사랑의 촛불처럼 천년을 살으리랏다.

정으로 녹이는 삶

(1)
세상이 온통 겨울
여기나 저기나 어디나
어제나 오늘이나 춥네요

사람 맘도 매 한가지
햇빛 달빛아래 별빛아래도
세상사 인심도 겨울 아닌가요

(2)
그러나 양재기가 웃고
몽실이가 좋아 죽는다는
그런 봄같은 마을 하나 가까이 있네요

작지만 정성으로
오직 정으로 마음으로
얼은 삶을 녹여서 보듬는 시간들

(3)
그래요 산다는게 사실
어디서나 추운 겨울인데
우리에겐 몸 녹일 난로같은 정 하나는 있어야죠

그래서 살맛나게 신나게
우리네 인생을 아름답게
그런 친구 한 분만 있어도 참 재밋게 살고 말고지요.

꽃비

걷는 어깨 위로 꽃비가 내린다
연분홍 벚꽃잎이다
이 봄을 눈부시게 수놓았던
그 화사한 미소를 남기고
찬란한 눈물이 되어 내린다

구르듯이 어깨선을 따라 흐른다
손바닥 내어 벚꽃잎을 안아본다
이 봄에 황홀한 향연을 끝내고
바람에 스치우 듯 어느 봄날에
꽃비로 안녕을 고하려는가.

노을 빛나는 길

안개가 피어나는 숲길
어렴풋한 나무들 사이로
한 줄기 빛이 향하던 길은
신새벽의 여명黎明

가슴 위로 이슬이 내리고
흐르던 숲의 숨결이 흩어지고
또 한 줄기 빛과 하나가 되는
새 아침의 소망所望

누가 내민 손이 아니라
함께 잡은 손이 안개로 피는 것

낮이면 밤이고
밤이면 낮인 시간의 안개 너머
빛으로 바꾼 것은 바람
그 바람은 그리움

생이 생을 만나
생이 생을 향하고
생이 생을 보듬으며
숲길에 비추인 하오下午는 꿈

안개가 걷힌 숲길
싱그러운 나무들 사이로
작은 꿈 곱게 곱게
노을 빛나는 길이다.

안개 흐린 공항

(1)
흐려서 흐린 것만은 아닌 하늘
어쩌면 마음이 흐린 것일 수도

김포공항을 지날 때 자주 보던 큰 새들
코로나 안개 때문에 흔치가 않다

공항을 떠올리는 것조차 허영이 된
과연 신의 저주는 언제 풀릴 것인가

(2)
오늘 흐린 하늘이 비가 올 수도
내일 맑다는 예보는 흐릴 수도

인천공항쪽 하늘을 물끄러미 바라보며
발이 묶인 생각을 풀어줄 새들을 찾고 있다

들고 날던 새들은 언제 날개를 펴서
늙어감의 안개를 맑게 지워낼 것인가

운명처럼

누가 생각이나 했을까
누가 꿈이나 꾸었을까
누가 마음이나 먹었을까

아무도 모르게 그 순간은 우연처럼
다시 생각해보니 그 시간은 필연처럼
돌이켜봐도 그 인연은 운명처럼

설마 하던 작은 마음 씨앗
살짝스럽게 말 한마디 톡
곱게 오고간 착한 마음밭에

묻지도 말고 알려고 안해도
오래오래 진실의 뿌리내리며
운명으로 써가는 어른 동화다.

찰나 刹那

그 순간이 없었거나
그 순간을 지나쳤거나
그 눈길 다른 곳에 주었다면
만남은 저리로 비껴갔을 것이다

돌이켜보니
그 시간 그 순간을
그 곳에서 그 사유思惟로
그럴 수도 밖에 없음을
묻지도 알려고도 않기로 했다면
그것이 인연이다

혼자만의 마음으로 될 수 없는
혼자만의 바램으로 불가능한
서로가 서로에게 서로를 향해
천둥 우르릉 쾅, 번개 번쩍
그 찰나의 크샤나ksana에
당기고 끌린 것이 운명이다.

운명의 길이 아니었던가

오늘 하루가 시작되면
그냥 숨쉬고 걷고 말하고
마을 버스를 타고 전철을 타고
다시 버스를 옮겨타고
그런 일상이 운명이 되었다

그 마을 버스를 탓으며
그 전철을 탓고
그 버스를 타야했고
탄 사람들과 같이 탓다는 것 조차
순간순간의 만남이 운명이다

그렇게 살며 사랑하고
일하고 먹고 자고 쉬며
노래하고 춤추며 울고 웃으며
여기까지 힘겹게 살아온 것도
알고보면 다 운명의 이끌림이다

아웅다웅 그 수많은 다툼도
지면 이길 일인데 이기고도 진
배우고 깨닫고 또 후회해야했던
그런 어리석은 시행착오들 조차도
알고보니 다 운명의 길이 아니었던가?

본향本鄕 원산을 그리며

(1)
원산아! 원산아!
아버지의 고향, 나의 본향이로다
그리움이 머물고
사무침이 번져오는 곳
바다와 산이 손을 맞잡은
그 길을 따라 걸을 때마다
푸르른 물결은
아버지의 목소리처럼
산천은 그리움처럼 흐르고 있겠지

명사십리와 송도원...그 이름만으로도
애잔함이 가슴 속으로 밀려와
노을 속으로
별빛 속으로
그리움 속으로
아버지의 흔적이 깃들어있는
원산의 본향 속으로
나는 아버지를 만나러 떠나고 있다

(2)
기억은 바람처럼 불어오고
고향언덕길은 그림처럼 그려지고
동구밖 골목길은 친구들의 목소리 들리는 듯
바람되어 원산 하늘을 지나며
구름되어 원산 앞바다를 바라보며
비가 되어 원산 산천을 적시며
산천초목의 향기를 머금은 채
원산아, 원산아... 아버지의 고향이여!

이제는 아버지 안계신 본향이지만
고향을 그리시던 그 마음은 여전히 살아 숨쉰다
원산아, 내가 부르는 이 이름에
아버지의 서러움과
망향의 눈물이 묻어나는
너는 언제나 나의 본향이로다.

<2025년 을사년 신년축시>

을사년, 그 푸르른 미래를 꿈꾸라

(1)
비운悲運의 하늘을 넘어
별들이 속삭이고 새벽이 온다면
새해는 그 별빛을 모아서 환하게 밝힐 것입니다

그 누구도 상상할 수 없던 그 순간
애통哀痛의 검은 그림자가 하늘을 덮었을지라도
사랑의 불씨는 결코 꺼지지 않을 것입니다

그리고 비통悲痛한 통곡痛哭으로 몸부림쳐도
눈물 속에서 희망의 새해는 밝아오리니
2025년, 푸른 뱀의 해가 동해를 차고 오를 것입니다

저 푸른 색은 원초적 생명의 힘
그럼에도 불구하고
지금보다 더 강하고 더 슬기롭게 더 진솔하게
우리 모두가 하나 되어 일어날 회복의 시간일 것입니다

(2)
을사년은 푸른 뱀의 해
풀숲을 가르며 나아가는 뱀처럼
막을 수 없는 힘찬 몸짓에는 거침이 없을 것입니다

을사년 새해에는
사랑과 화해, 안전과 행복을 기원하며
국태민안의 서기瑞氣가 온 땅을 덮을 것입니다

새로운 도전과 새로운 희망이
이 땅의 구석구석에 퍼지기를 소원하며
가슴 가득히 푸르른 미래를 꿈꾸면서
함께 비상하는 을사년의 첫날이 시작될 것입니다.

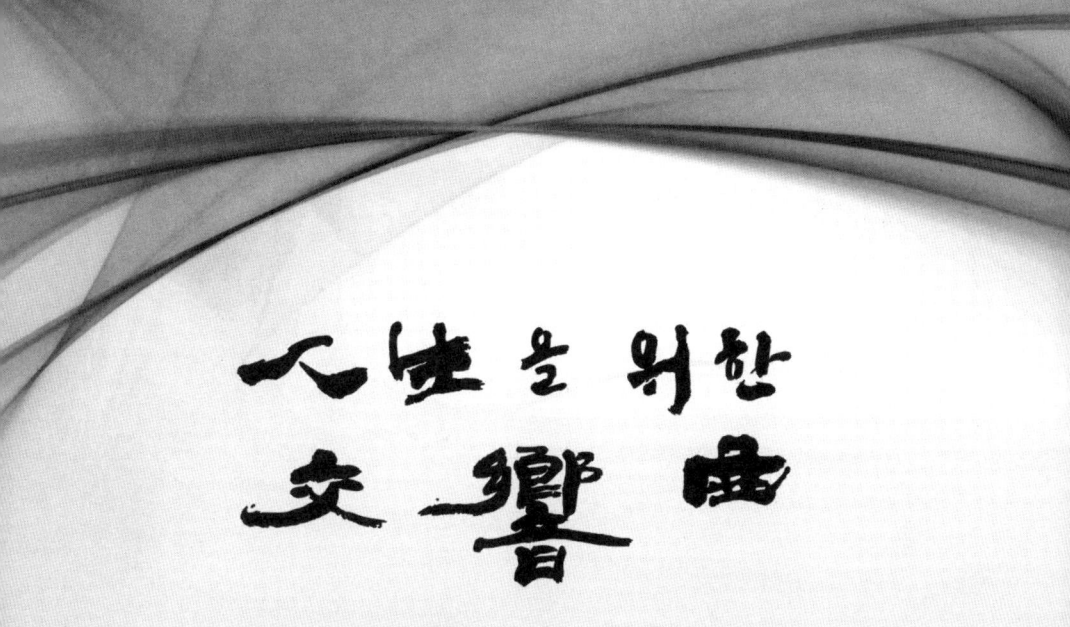

人生을 위한 交響曲

제 II 부
인생 알고보니

인생 알고보니 1

봄이 그릇에 담기면
봄이 끝이다
봄이 담긴 그릇은
찬란한 슬픔이다

여름을 실어오는
선선한 바람결에
때이른 낮더위가
새삼스러운 눈물이다

알고보니 인생은
태어나 죽는 순간까지다
그 사이에 삶이 끼어들어
가을이 되고 겨울이 된다.

인생 알고보니 2

가을에 돌아본 봄은
새싹이 돋고 꽃이 피지만
꽃샘 바람이 쌀쌀했고
화사한 봄날도 오며가며
꽃잎 나부끼며 지더이다

겨울에 돌이켜본 여름도
바다로 산으로 다녀오고
무더위 한두 차례
태풍과 홍수 두어 차례
처서處暑에 수그러지더이다

가을에 가을을 본다는 것은
깊어진 계절의 성찰省察
하늬바람에 익어가는 알곡을 보며
과연 생의 결실 앞에서
세월풍歲月風을 견딘 것이 의미일까

겨울이 다가오는 길목에서
흘러흘러 시간의 여정旅情을 보면
봄 여름 가을의 향연은 꿈의 번뇌
백설白雪이 만건곤滿乾坤하면
결국 독야청청獨也靑靑이 인생인가

인생 알고보니 3

공부 공부 하지 않았던가
그런데 공부만은 아니더라
공부 잘 하면 좋은 일이 있지만
공부 좀 못했다고
나쁜 일만 있는 것은 아니더라

공부 좀 한 애들은
그럭저럭 먹고 살고
젊은 날 제법 뽀대나는 자리에서
목에 힘주고 부럽다는 관직생활을 하지만
그렇게만 순탄지 않더라

결혼하고 꿈같은 날만 생각했지만
자식낳고 이사다니고 시댁살이에
어느새 피곤한 삶의 연속들
공부한 방법론도 안통하는게 인생살이
어깨위로 짊어진 무게에 허리가 휘더라

아버지보다는 어머니보다는
더 잘 살아보려고 해봤지만
아버지 만큼 큰 소리를 쳐본 일이 있던가
인생 알고보니 공부 좀 못어도
돈버는 기술이 더 중요하더라

인생 알고보니 4

정精과 난卵의 사랑이여!
주야晝夜 냉난冷暖도 없는
자궁子宮을 유영遊泳하며
뼈와 살을 키웠던 파라다이스

첫 사랑 첫 이별의 두려움에
울고불고 잠들어 깨어보니
포근한 어미의 품속 사랑
삶과 꿈을 키웠던 세상살이

생령生靈을 주시고
오장육부五腸六部도 주신 것
이목구비耳目口鼻도 받은 것
인생 살아보니 내것이 무엇인가?

인생 알고보니 5

인생이 개뿔도 아니라는
그말이 맞긴 맞지요
개가 뿔이 있던가요
개는 절대로 뿔이 없답니다

그래서 개뿔이 없다는 말은
진실이고 진리인데
왜?
왜 하필이면 없는 개뿔일까?
닭뿔, 원숭이뿔, 토끼뿔,
뱀뿔, 호랭이뿔은
시시비비도 안거는데

사실 개뿔이란
별 볼 일 없이 하찮은
경멸의 속된 언사(言辭)인데
과연 개뿔이 없을까요?

인생 살다보니
기가 막힌 일에
귀를 막아야 할 소리에
눈 딱 감아야 할 장면에
목으로 침도 넘길 수없는
코를 감싸 쥘 냄새같은
개뿔같은 별일들이 많더이다

인생이 개뿔도 아니라는
그말은 틀린겁니다 그래서
개는 뿔이 없지만
개뿔같은 일들이 인생에
생각보다 많다면
개뿔은 존재하는 겁니다.

목소리 마스크

코로나바이러스 때문에
다들 입을 가리고 산다
마스크가 대신하는 얼굴
누가 누군지도 잘 모른다
낯선 이웃들의 면상面相조차
새삼 보고픈게 요즈음이다

멀리서 들어도 목소리가 삐지면
조용히 참고 말해도 안다
살짝 뒤끝있는 여운으로
삐진 속내가 마스크를 쓴다

마스크라도 삐진 마음을
가릴 수는 없다는 것
화를 안내도 삐졌다는 것
그 목소리가 마스크를 뚫고
귓가를 어지럽힌다

얼굴 마스크는 있지만
목소리 마스크는 없다는
목소리 하나로 오고간 마음
목소리가 얼굴이 되었다
얼굴이 목소리가 되었다.

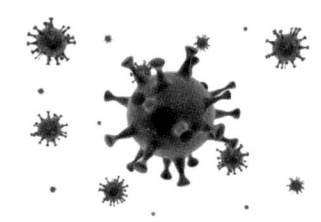

한숨소리

바람이 빠지는 듯
조용한 신음
힘이 빠지는 듯
푸욱 땅꺼지는 소리
이 소리가 나오면
없던 걱정도 되살아난다

또 뭐지? 또 뭘까?
어떤 일일까? 큰 일은 아닐까?
한숨자락에 가슴이 철렁
서로 궁금하면 관심이고
모른 척 외면하면 남이다

그런데도 한숨부터 나오는
맥없이 툭 터져나오는
그 놈의 한숨이 습관이란다

한숨 짓는다고
안될 일이 되는 것 없고
될 일이 안될리 없다지만
한숨짓는 건 겸손아닐까?

어머니께서 말씀하셨었다
"얘야~복 나간다!"

그리움의 끈

사무치는게 있다면
그러면 그리움입니다

눈물은 슬프다는 의미지만
그리움은 사랑의 마음입니다

슬픔은 소리내어 울지만
그리움은 소리없이 웁니다

외로움은 남겨진 혼자이지만
그리움은 애틋한 둘입니다

그리움은 별리의 아픔이 아니라
재회의 기다림입니다

사무치는 둘만의 정이
그리움의 끈입니다.

짜증타령

아주 사소한 말 한 마디가
바늘이 되어 찌를 줄이야
꾸욱 참는 듯
끝내 터지는 두 마디 세 마디
아이고야 그런 뜻이 아닌데

그나마 통화로 말로
외로움을 넘기고
그리움을 다잡고
보고픔을 달래는데
툭 날아온 그 한 마디에
아야야-하고 아프게 열 마디

비로소 섭한 마음이
눈물되어 전해오는 빗소리
차라리 굳이 그런 말 왜했을꼬
요새 자주 오래 통한다는 자랑이
짜증이 될 줄이야

약속의 함의

세상사는 약속입니다
모든 것이 약속에서 시작하여
약속으로 끝난다고도 합니다

태양이 아침이면 뜨는 것도
달이 보름주기로 변하며 비추는 것도
별들이 밤하늘에서 빛나는 것도
구름이 뭉실 떠서 하늘을 수놓는 것도
봄꽃들이 봄이면 피어나는 것도
폭우가 여름에 쏟아지는 것도
단풍이 가을에 물드는 것도
흰 눈이 겨울에 내리는 것도
안개가 끼고, 비가 내리는 것도

약속이 우주의 질서입니다
하물며 사람과 사람도 약속입니다

그 시간에 구텐모르겐 하는 것도
커타 후 통화하는 것도
서로의 건강을 묻는 것도
언젠가 여행을 가자는 것도
가을에는 꼬옥 온다는 것도
마음 변치말자는 것도

알고보면 약속이 미래입니다
사랑한다면 약속을 지키는겁니다
그래서 약속이 사랑입니다.

춘이불사춘 春而不似春

봄은 봄이다

개나리 벚꽃 유채꽃
온갖 꽃들이 화장을 하고
이쁘게 웃는 새 봄이다

지난 겨울 삭풍에 떨면서
얼마나 많은 날들을
아니올까 걱정했던가

그런데 올봄은 봄이 아니다
코로나19 때문에.

인생 체면살이

입이 있어도 말 못하고
눈이 있어도 못보고
그렇게 저렇게
아는 척 모르는 척
사람 사는게 체면인데

이 가을 곱게 물든 단풍은
우리네 가슴을 물들이고
무수한 낙엽의 환희는
지난 계절의 애흔愛痕이다

사랑이 계절을 그리워하고
계절이 사랑을 보고파하는
지난 가을의 이야기들은
결국 사랑일 수 밖에 없다.

삶의 재활再活

가을의 문턱에서
어둠이 나를 덮쳐올 때
두려움은 차가운 비가 되어
가슴을 적시고
운명은 날카로운 침묵으로 잠식해 왔다

흔들리는 삶의 시계추
아마득한 추억의 흑백영상이
강물처럼 휘몰아쳐 실려가고
무너져가는 성곽의 망루에서
인생은 출렁이는 물결 위의 노을빛이었다

그러나 흑암을 가르는 한 줄기 빛
K명의名醫의 인술仁術은 섬광처럼
다빈치(Davinch)[1]의 다섯 손가락으로
찾아내고 잡아서 베어내고
여호와 라파[2]로 임재하셨도다

이제 눈물 속에서도 위로와 평안을
다시 시작하는 삶은 재활
싸워 이긴 행복은 기적의 춤사위
그 찬란한 의미를 음미하며
오늘도 감사한 갑진년의 하루다.

---

1) 다빈치 로봇수술 시스템 : 최첨단 로봇 5손가락의 보조를 이용하여 외과수술을 하는 3D고급기술이다.
2) 여호와 라파(Jehovah Rapha) : "치료하시는 하나님"이라는 의미의 히브리어(출애굽기 15:26)

인생이 전철을 타고

바쁘게 걷는 발걸음들
각기 다른 인생들이 한 통속이 되는 아침
전철은 우리의 운명을 실은 일상이다

흰 머리 노인이 앉아 창밖을 물끄러미
스쳐지나는 풍경에 무심할 뿐
그저 지난 세월만큼이나 빠르다고 느낄 것이다

가방에 담긴 삶의 피로를 들쳐 메고
사람들 틈바구니에서 빈 자리를 살피지만
이미 다 앉아버린 객석은 무의미하다

이어폰 속 세상의 울림에
혼자만의 시간에 잠긴 중년은
창밖으로 흐르는 풍경을 아쉬워한다

전철은 그 모든 것을 담아서
매일 아침 떠나서 밤늦게 도착하며
그 안에서 한 편의 인생을 가득가득 실어나른다

서로 다른 삶들이 어우러지는
하루의 작은 조각들의 퍼즐게임
지금 우리네 인생이 전철을 타고 있다.

때에 이르러서

모든 것이 다 때가 있고
때에 이르러서
때가 있었음을 달관達觀한다

인생이 알고보면
신이 주신 시간 만큼의 삶
그 가운데서 유기체有幾體3)의 투쟁鬪爭
그 길고 진지한 전장터에서
일승일패一勝一敗 병가지상사兵家之常事로
피투성被投性4)의 한계限界이다

하늘은 잠들지 않았고
하늘은 때에 이르러 깨었고
하늘은 노을을 잉태孕胎하여
바다와 춤을 춘다

이제는 바다가 대답할 때
바다는 노을을 집어삼키고
바다는 끊임없이 출렁이며
바다에 던져진 어둠으로 답한다

때에 이르러서
인생은 답을 준다
좌절挫折이라고.

---

3) 유기체(有機體)는 많은 부분이 일정한 목적 아래 통일·조직되어 그 각 부분과 전체가 필연적 관계를 가지는 조직체 또는 생물처럼 물질이 유기적으로 구성되어 생활 기능을 가지게 된 조직체이다.
4) 피투성(被投性, Geworfenheit)은 독일철학자 하이데거가 도입한 개념으로 인간 개인의 존재는 세상에 '던져짐(투)', '당한(피)'것이라고 정의했다. '던져짐'이란 현존재의 임의적이고 불가해한 성질로서, 과거와 현재를 연결시키는 존재(Sein-zum-Tode)를 통한 현존재의 일부가 된다. 피투성이란 인간 존재가 맞서 투쟁하게 되는 소외(疏外)의 일종이며, 자유라는 존재적 가치도 던져진 것이기에 역설적이다.

행복론

행복이 어디서 오느냐고
행복이 어디에 있냐고
행복이 무엇이냐고

눈뜨면 찾던 것이 아니었던가
생각하면 꿈꾸던 것이 아니었던가
살면서 기다리던 것 아니었던가

한 세월을 살아오며
한 평생을 살아가며 느낀 것은
행복은 사람에게 있었다는 것

돈도 아니고 집도 아니고
명예도 그 잘났다는 뺏지도 아닌
사람이 주는 사랑이라는 것

서로 행복을 바라고
서로 행복을 지켜주고
서로 행복하다면 그 사람이 행복입니다

더 이상 더 바란다면
행복은 욕심에 잠 못 이루고
행복은 끝내 불행을 만나게 될 수도

오늘 행복한 목소리를 들으며 행복합니다.

새소리 1

결국은 두 마리 새가
작은 새집에서 운다
새삼 이유가 없어도
매일 오후가 되면 운다

새의 노래에 꽃이 피고
꽃잎은 아픈 손톱 끄트머리로
살짝 긁혀도 아프다

그 아픔은 생명처럼
새집을 아프게 장식하고
철망사이로 들어운 햇살은
마음의 날개춤이다.

새소리 2

여행은 언제나 행복한 추억
이국異國의 네온사인은 이국적이다

작은 도시의 스테이지stage는
지난 세월의 찬란한 이야기

반가운 손짓따라 반짝이는 조명빛은
알고보면 땀방울과 눈물의 연주곡

그런데 잠시 후 피어나는 웃음꽃은
푸드덕 날아오르는 새들의 날갯짓

엇박자 소리에 추락하는 새들
다시 걸으면서 날고자 애쓰지만
가끔은 낯선 새소리를 들으며 잠이 든다.

새소리 3

그리움은 아주 작은 빛이다
그 빛이 마음의 어둠을 밝힌다

사진에 찍힌 사연은
꽉 박힌 만큼이나 허전한 순간이다

어쩌라는 것인가
외로움이 물으면 그리움으로 답한다

어두운 하늘 마저
차가운 달빛에 외로운 새의 울음은
그때서야 비로소 밤하늘이 열리고
월광곡이 그리움을 타고 교교히 연주된다

알고보면 그리움도 외로움도
어둠도 빛도 울음도 다 새소리다
새소리는 사랑이다.

새소리 4

홀로가 아닌 것이
둘인 것보다 훨씬 낫다

외로울 필요가 없는 것은
그리운 그림자가 있기 때문
삶이 때때로
보고픔에 배고플 수도 있다

외롭기 위해 외롭게
그립기 위해 그립게
그러나 보고프다면 만나야한다

오늘도
지구는 공전하고 자전하고
겨울이 봄이 되고
봄이 여름이 되리라

아침이 저녁이 되고
이어서 밤이 되면
별과 함께 달그림자 드리우리니
다정한 사람이 다정하다

밤에 우는 새가 두견새?

싱크대의 아가雅歌
-노교수의 회한-

(1)
거실 한 켠 부엌의 불빛 아래
싱크대에 마주 선 당신의 뒷모습
그곳에서 당신은 사랑을 담아
음식을 준비하곤 했지요

손끝에서 피어난 정성이
가족의 밥상이 되었고
그 따뜻한 음식들은
행복한 대화로 넘쳐났지요

당신의 솜씨가 담긴 그 자리
싱크대 앞에서 머물던 시간들
가족을 위한 당신의 사랑이
싱크대 물소리와 함께 노래가 되었지요

(2)
이제 비어진 당신의 자리지만
당신의 체온이 여전히 남아
따끈한 국물처럼 온기로 가득해요

그 애잔했던 마지막 뒷모습
싱크대 돌아서며 웃음짓던 미소가
당신의 빈자리에 맴돌고 있어요

싱크대에 멈춰버린 아가雅歌
음식도 대화도 다 마감된 침묵
그러나 추억이 흐르는 싱크대는 울고있어요.

코로나19의 가설假說과 치유治癒

아주 작은 바이러스 하나가 세상을 휩쓰는
초유의 인간오염은 과연 신의 저주라는 가설假說에
이미 흔들리는 사람들의 눈빛은 두려움과 의심이고
어느 날부터 마스크로 가려진 얼굴은 낯선 군상群像이었다

결국 '우한 코로나19'에서 '우한'을 빼기로 하는
최소의 책임질 가해자도 없는 코로나 천역으로
하루하루가 숨가쁘게 인명이 제물이 되어가는
코로나의 이름짓기로 시끄러운 뉴스는 희극喜劇이었다

세상이 누리던 작은 일상이 간절한 소망이 된
집밖의 모든 공간이 죽음의 가능성으로 뒤덮힌
그런 절망 속에서 출퇴근 전철은 또 다른 실험실
입코를 가린 천조각에 사람들의 숨결이 다급했었다

반쯤 가려진 얼굴에는 이미 미소가 실종했고
반가이 마주잡던 손악수 조차도 주먹질이 대신하고
눈빛의 깜빡임이 생명과 영혼의 교신이 절실하면서
목소리만은 거름의 천조각을 거쳐 진실만 들었으면 했다

벌써 3년을 견뎌낸 코로나19의 바이러스 세균전
백신을 무려 서너번씩 맞고서라도 살아난 사람들은
돌아온 일상에서 이웃이 반갑고 모이기만해도 즐겁다
다시 찾은 웃음이 신의 용서와 사랑으로 알아야 치유이다.

새 아침의 노래

새벽이면 어둠이 내쫓기고
밤새 죽은 것들이
다시 살아난다
어젯밤 가슴 저 아래서
울던 새소리가 아롱진다

오래전 반복되던 어둠속
비까지 추적이던 그 밤들
빗소리 마저 아파야했던 시간
비로서 탈선의 회귀로
삶의 아침이 새롭다

오늘 아침 어둠이 걷히고
눈물로 빚어낸 악보를 보며
애쓰며 이겨낸 목멘 사연을
밝은 빛의 노래로 연주되는
새 아침이 손 흔들며 반긴다.

첫눈의 겨울 아침

첫눈이 내려
하얀 물감으로 세상을 덮고
조용히 속삭이는 말

"착하게, 바르게,
깨끗하게 살아라,
이 순백의 세상에서"

나무의 가지마다
꽃가지 마다에
눈꽃이 활짝 피어나
모든 것이 순수해진 아침

어둠으로 얼룩진 세상을
눈송이들로 덮은 뜻은
삶에 지쳐 그늘진
우리의 마음을 위함이리니...

첫눈의 마법 속에서
새로운 시작을 꿈꾸며
희망의 길만 향하는 겨울아침

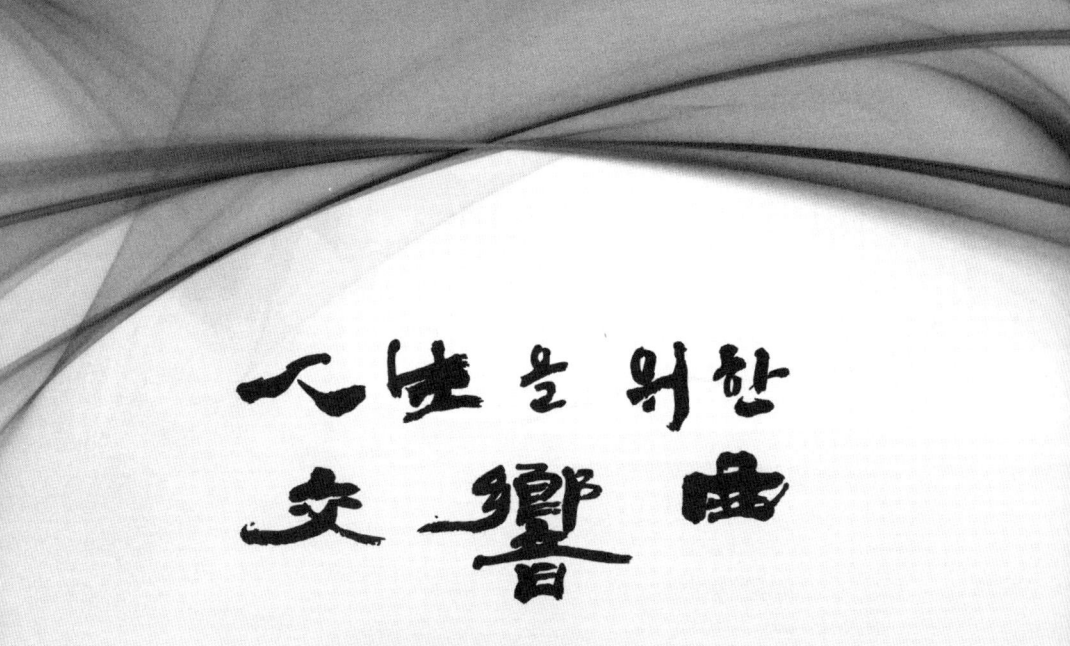

제 Ⅲ부
그립다는 생각과 말의 차이

사랑이란

그리움에 뿌리를 내리고
기다림의 가지를 뻗어서
외로움의 바람에 흔들리며
보고픔의 잎새를 펴서
안타까움의 가슴앓이를
그러면 어느 날에는
만남의 꽃이 핀다
그리하여 가을이면
사랑의 열매가 곱게 이쁘게.

사랑별

그 사랑이 얼마나 아팟을까
그 희망이 얼마나 망막했을까
그 슬픔이 얼마나 처절했을까
그 고통이 얼마나 **뼈**져렸을까
그 꿈들이 얼마나 허무했을까

생각조차 유치한 촌극이다

사랑해 본 자는 아픔을 안다
절망해 본 자는 망막함을 안다
슬퍼해 본 자는 처절함을 안다
고통스러 본 자는 **뼈**져림을 안다
꿈꿔본 자는 허무함을 안다

그러나 솔직히 사실을 모른다
우리는 그가 아니기 때문이다

별이 된 사랑은 별이다
사랑이 된 별은 사랑이다
별을 바라보는 눈물은 사랑이다
그래서 눈물은 사랑별이다.

사랑한다면

사랑한다면
말하는 눈동자를
보면 알 수 있을까?
사랑한다면
마음으로 느끼며 아는 것일까?

사랑하는 마음은
뜨거워도 가슴 데이지않는다
사랑은 눈으로 말하고
입술로 고백하고 독백한다

사랑은 외로울 때
찾아와야 진솔하다
사랑은 그리울 때
떠올라야 애틋하다
사랑은 보고플 때
간절해야 서글프다

그래서
사랑은 사랑에 사랑을 담고
사랑한다면 꿈속에도 사랑하는 것이리라.

별이 우는 밤

그리움을 가슴에 담으면
땅이 꺼지도록
한숨이 나고
때로는 고즈넉이
외로움이 된다

그리워하는데
외로움이 되는 건 왜일까?

흔적도 없는 그리움에
눈물이 고이면
별들이 빛나고
밤하늘에 눈물이 흐른다

그리움이 외로움으로
외로움이 슬픔으로
가슴 한 켠에서 소리를 내면
소리는 눈물이 되고
별들은 끝내 울고야만다.

마음에 피는 꽃

겨울이 아무리 춥다해도
봄을 막아설 수 없어요
꽃이 추위를 견딘 꿈은
봄을 향한 사랑이지요
봄이 꽃을 핀게 아니고
사랑이 꽃을 피운거지요

사랑도 꽃이라는 건
마음에 피기 때문이지요
봄에 핀 꽃이
세상을 밝힌다면
마음에 핀 사랑은
인생을 꽃피우지요

꽃이 지는게 슬픔이라면
사랑이 지는건 아픔이고요
언제고 피고지는게 순리인데
지는게 두려워 피지않는다면
피어나는 아픔을 슬퍼만한다면
이미 꽃은 사랑도 아니지요.

애사 哀詞

사랑이 어디서나 분다고
연민이 언제나 온다고
우리는 그리 생각할 수도

그러나 낯선 바람은
아픔이었고 서러움으로
그저 스치며 지났을 뿐

바람은 땅을 울리며
나무와 풀 위를 지나도
언덕을 넘어서면 그리움되는

밤하늘 별이 반짝거림은
손짓이 아니라 눈물자욱
남겨진 애사 哀詞가 별되었다는

그러면 우리는 별그림자에
손 내밀고 바람을 타고
푸르게 올라 별 하나, 별 둘.

사랑의 불씨

다시는 없으리라
이제는 다 지났으리라
생각조차도 사치奢侈인 시간

스치는 바람결에
불씨 하나
톡으로 튄 불꽃송이
따스히 살아올라

외로움을
그리움으로
빈 가슴 데우는가.

그립다는 생각과 말의 차이

그리움이 꼭 외롭지않지만
외로움은 그리움을 부른다
가슴이 허전하면
허허로운 그 상태로
밤하늘 달그림자를 생각한다

달려가 손잡을 수 있다면
외로웠던 만큼
그리웠던 만큼
보고픔에 가슴을 열어
그러면 살타는 냄새를 맡는다

그리움은 말이 없다
외로움도 말하지 않는다
보고픔도 울 수 없다
그럴때면 생각을 살려낸다
생각보다 말이 가면 슬퍼지기 때문이다.

초코렛 향기

연초록 물감속에
나긋이 다가오는
아카시아 향기따라
봄처녀가 길 떠나네

계절의 여왕 5월은
장미꽃향기로 머리를 풀고
그리운 님향기는
멀어도 날아오네

초코렛 한 알 입에 넣고
빠시시 깨물어 보는 것은
이리도 애틋한 그리움 덩어리
굳이 사랑이라 말해야하나.

벚꽃잎 사연

멀리 있어도 사랑은 사랑이다
다가와 손잡고
차마시며 대화할 수 없어도
그리움 하나씩
보고픔 하나씩
외로움 하나씩
그렇게 이 겨울에 쌓이면
봄에는
벚꽃잎에 사연되어
연분홍 색을 입혀 피어나리라
가까이 있다고 꼭 사랑은 아니다.

사람의 향기

사람이 좋으면 향기가 다르다
사람의 향기는 샤넬 5도 아니고
오마샤리프도 프라다도 아니다

향기나는 사람은 미소가 다르다
향기나는 미소는 순수다
순수한 미소가 사람의 향기다

향기나는 사람은 마음이 다르다
향기나는 마음은 진심이다
진심어린 마음이 사람의 향기다

향기나는 사람은 사랑이 다르다
향기나는 사랑은 용서한다
용서하는 사랑이 사람의 사랑이다

사람이 좋으면 향기가 정말 다르다
향기나는 사람은 그리움이다
그리운 사람이 향기나는 사람이다.

시와 사랑

스치는 바람결 조차
삶의 의미로 와닿고
가꿔온 한 그루나무라도
생존의 가치가 되리라

비록 낮과 밤의 교차가
거리로 챌 수 없는 시간차
그대로 잊혀지기에
얼마든지 충분한 핑계거리리라

그러나 선택의 폭은
단 하나 사랑의 틈사이
후회없는 사랑이라면
인생은 용서해주더이다

시인이 시를 쓰는 것 보다
사랑하며 사는 것이 더
시인답다는 것을 깨달아야
시가 사랑이 되고
사랑이 시가 되는 것이리라.

시인은 왜 사는가?

시를 쓸 시간이 없다면
과연 시인답게 사는 것인가
자꾸 내면에서 찌르는 아픔을
글자로 걷어내어
문장으로 엮어 짜서
눈물나는 삶을 증거하는 일이
왜 시인에게 고통인가

지금 아픈 시간이
훗날
혼자라도 웃을 수 있는 추억
그렇다고 다 벗고 쓸 수 없는
아롱다롱 낙서인들 어떠랴
요즘 코로나19를 핑계로
마스크 쓰고 사니 좋다

음흉한 미소를 가린 가면假面
저기 인간들이 눈만 내놓고
선한 듯 눈으로 얘기한다
그러나 섬짓한 눈꼬리와
살의를 담은 낯선 목소리는
다시 맞닥뜨릴 고독의 칼을
혼자의 방패로 막아서서
몇 일째 불면의 밤을 새우며
시와 한 판 승부를 해야한다

언제나 내곁에서 외롭게

동행하며 함께 해준 사랑
결코 손 내밀어
다정히 잡아준 일은 없어도
변함없이 물집이 잡히도록
걸어온 사랑 하나다

할 말이 없다 그저
바라보고 울어야한다
언제고 어디서고 슬플 때면
노래가 흘러나오는게 삶
시가 있어서 덜 외로왔다
그것이 시가
세상을 사랑하고
시인인 사는 사유思惟일게다.

자작나무 숲으로 걸어요

손을 잡고 걸어요
자작나무숲 속으로
바람에 스치는 나뭇잎소리
하얀 나무들 사이로 속삭이는
이름모를 새의 연가

햇살은 부드럽게 내려앉고
마음은 호수의 파문
잔잔히 여울지는데
이 순간에는 눈으로 말해요

다정히 손을 잡고 걸으며
자작나무 향기와
숲의 모든 것을 담는다면
길은 끝이 없겠지요.

호변湖邊의 산책

잔잔한 호수 위로
아침 안개가 내려앉아
고요히 숨을 죽인 그 순간
햇살이 비추며 속삭입니다

마주한 안개의 신비 속으로
길게 뻗은 외길은
어디로 가는지 몰라도
그 길은 아름다울 겁니다

해가 오를수록 선명해지는
가슴 와닿는 그 빛을 향해
안개 속의 길을 두려움 없이
걸어가야 다다를 것이기에

무색무취無色無臭의 순수 속으로
햇살 속으로
사랑 속으로
끝없이 함께 걸어갑니다.

가을이 오면

가을의 문턱에서
뜨거웠던 여름의 끝자락은
노을 속에 시간으로 녹아내리지요

잊을 수 없는 하오의 태양
작열하던 그 열정의 빛
이제는 바람에 실려 멀어져만 가요

그대의 미소는 추억 속에 잠기고
가슴에 아로새긴 그리움으로
가을 하늘 높이 뭉게구름 피어나지요

사랑은 지나갔지만
따뜻한 추억은 여전히 남아
단풍 잎새에 불씨로 살아있어요

가을이 오면
나무는 옷을 갈아입고
내 마음도 붉게 물이 들어요.

별밤의 여백

이다 아니다 벌어진
순식간에 많은 일들
바람처럼 구름처럼
비되어 내리는 아픈 시간들

이리저리 휘젓는 소리
저리이리 어지러운 말들
굳이 다 적어둘 수 없는
많은 생각이 우르르 와르르

그러나 흔들리지 않는 아침
그럼에도 한결같은 저녁
그러기에 다시 보는 별밤
다가오는 가을의 축제.

상심의 시간

어둠을 지우는 창밖의 햇살
또 다른 시간대의 격리된 밤
시간차 만큼이나 아련한 숨결은
아침이면 이슬을 머금은 잎새입니다

보이는 손짓보다 더 간절한 마음
눈시울 붉어지는 가슴의 허전함
하오의 햇볕에 타오르는 열기조차
다 채우지 못하는 외로움입니다

푸른 하늘 너머로 구름을 보면
저 멀리 그 곳에서 머무는 모습
상심의 시간을 넘어서 다가오는
붉은 노을 함께 흔들리는 가로등입니다

밤하늘 달이 뜨면 그림자 드리우고
행여나하는 맘 어둠 속에 별을 찾듯
무슨 사연하나 내려올까 애태우며
오늘도 간직하는 그리움입니다.

기다림
-코로나19를 넘어서-

(1)
기다림은
누군가를 만난다는 것
그냥 좋다
그리우면 그리운대로
참 좋은게 기다림이다

어디선가 다가오는 듯
발자국 소리가 아니더라도
매 시간 다가오는 느낌으로
이제는 기다림이 좋다

(2)
기다림에는
시간의 벽이 가려져있다
그 벽돌을 하나씩 지우며
누군가를 갈구하는 목마름으로
알고보면 기다림은 사랑이다

멀리 떨어져 있어도
벌써 마움이 다가와 있는
그러면 외로움도 녹아내리는
그리고 만남은 기다림의 꽃
기다려지는 사람은 사랑의 꽃이다.

봄날의 천사 아가

따스한 봄빛 내려와
천사 아가가 피어나는 날
할아버지의 기도는 별처럼
할머니의 사랑은 꽃처럼 빛나리라

별초롱 눈동자
도톰한 입술
앙징맞은 손발가락
쌔액쌕 고운 숨결
그 하나하나가
세상 가장 귀한 선물
웃음꽃으로 활짝 피우리니

가족 모두의 소망을 안고
사랑을 담아 만나는 그날
우리 모두의 빛으로
우리의 희망으로
엄마 아빠의 꿈으로

크리스마스의 향연

차라리 집이 아니라
어느 우주에 작은 별나라
작은 구석에도 곱게 이쁘게
손길 안간 데 없이 잘 가꾼
은하수의 향연같은 정원이리라

크리스마스 트리에 밝힌 촛불은
하나같이 빛나는 별들이고
그 별나라의 이야기가 날아서
온통 웃고 울고 사랑하는
그래서 밤이 별처럼 빛났어라

촛불이 밝힌 어둠은 이미 없고
촛농이 떨어지며 눈물이 되고
눈물은 촛불에 반짝이며 별이 되는
그런 가족들의 크리스마스는
축복과 행복과 사랑이었어라

트리에 몸 살으며 빛이 되는 초들
몸 살아서 비추인 길을
아가들이 걷고 뛰고 달려서
더 아름다운 별나라를 지으며
영그는 크리스마스의 향연이리라.

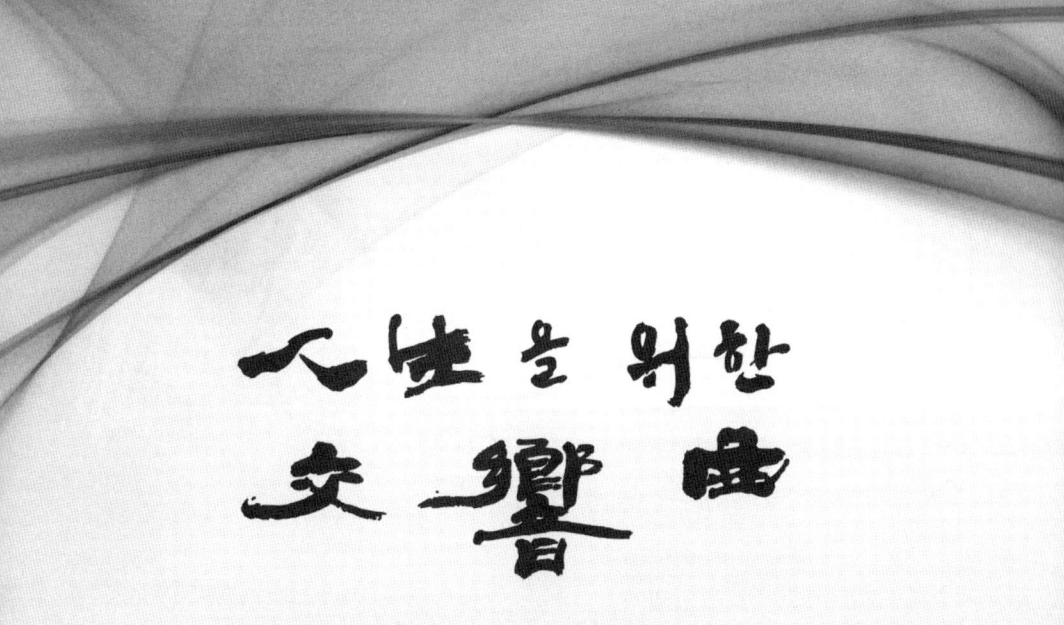

제 IV 부
호국의 별이 되어 반짝인다면

<고 강재구 소령 순국 제60주기 추모시>

군웅 강재구 소령은 화랑대의 불사신이라

1965년 10월 4일 운명의 시각은
강재구 대위가 비운悲運의 4초를 만난 날
죽음이 두렵지 아니하여 수류탄을 덮쳤을까?
그러나 그의 부하사랑은 불사신의 길이였노라

1초! - 험난한 정의의 길

맹호부대 홍천 훈련장의 열기는 뜨거웠고
가을하늘은 푸르기만 했던 운명의 그날 그 순간
굳게 눌러쓴 철모 아래로 빛나는 두 눈동자
월남전 파병을 앞둔 수류탄 투척훈련장은
한 사나이의 운명을 향하여 무겁게 타올랐다

앗! 부하의 수류탄 투척 실수로 안전핀이 빠진 채로
중대원 사이로 굴러가는 순간은 단 4초뿐
사관생도 시절 수없이 되뇌던 신조信條가 번개처럼 스친다
'우리는 안일한 불의의 길보다 험난한 정의의 길을 택한다'
대위 강재구의 험난한 정의의 길은 수류탄 위로 몸을 날렸노라

2초! - 참된 군인의 길

그 순간 안중근 의사의 외침이 들렸으리라
'위국헌신, 군인본분!'
이순신 장군의 대갈일성大喝一聲이 울렸으리라
'사즉생, 생즉사!'
죽음을 몰랐을 리가 없지 않은가!
대위 강재구도 인간 아닌가!
중대장 강재구의 눈에 가득 부하들이 밀려 들어왔고
지금이야말로 화랑대에서 배웠던 참된 군인의 길이었노라

3초! - 부하 사랑의 살신성의 殺身成義

눈앞에는 순결한 중대원들의 눈동자가 반짝이고
지휘관을 믿고 따르는 부하들의 생명이 더 소중한 순간
조국의 명령을 받고 월남의 자유를 위하여
생사고락을 맹세했던 파병 중대원들 아닌가!

아뿔싸! 저주받은 쇳덩이 한 발이
증대원들의 자리로 굴러 떨어졌을 때
그 순간 주저없이 두려움없이 그대로 달려갔고
사랑하는 부하들을 살리는 것이 지휘관의 용기
강재구는 이미 죽음을 넘어선 살신성의의 영웅이 되었노라

4초! - 별리의 애환과 또 다른 4초

꽈광! 폭음이 민천旻天을 피빛으로 물들었다
심장의 검붉은 피가 뿜어져 나왔고
파편에 찢겨져 흐르는 피가 푸른 수의囚衣를 적시고
갈갈이 할퀴고 벗겨진 군화에는 선혈이 흥건하고
부하의 안전을 확인하려는 마지막 동공瞳孔이 흐려질 때

사랑하는 아내의 고운 미소가 떠오르고
어린 아들의 웃음소리가 귓가에 울리고
그리고 어머니의 목소리가 들리는 별리別離의 4초
"아! 아직은 아니다! 아직은…!"
서서히 감겨가는 눈가에 두 줄기 눈물이 흘렀으리라

그러나 강재구는 남겨진 또 다른 4초에도 후회하지 않았으니
'내 생명 조국을 위해' 바치기로 한 호국비護國碑의 서약대로
강재구 대위로 죽어서 강재구 소령으로 다시 살아났으니
아! 대한민국의 군웅軍雄 강재구여!
화랑대의 불사신으로 영원하리라.

<고 정경화 소령 제45주기 추모시 겸 자랑스런 육사인상 헌정시>

호국의 별이 되어 반짝인다면

(1)
내 생명 조국을 위해 선택한 군인의 길
참고, 참고 또 참아야 하는 외로운 이 길
자신과의 싸움에서 이긴 자만이 걸을 수 있는 이 길
부귀영화 배부름보다 힘겹고 배고픈 군인의 길 위에
위국헌신 군인본분의 충성스런 군인들이 걷고 있습니다

대한민국 국군의 신성한 계급장을 달고
명령에 살고 명령에 죽는 군인의 삶속에서
언제 어디서고 조국을 위해서 죽음을 꿈꾸는
그런 충직한 군인들에게 자랑스러운 이 길
45년 전 그 길 위에 고 정경화 소령이 있었습니다

(2)
아! 1977년 6월 21일 그날은
미확인 지뢰지대를 개척하라는 임무를 받고
6.25전쟁의 한恨으로 엉켜있는 지뢰들을 제거하고자
위험 속에 중대원보다 한 발 더 앞섰던 님은
부하들의 생명과 안전을 먼저 챙기셨던 그런 당신이셨습니다

"내가 살아서 부하가 죽는다면
내가 살아서 사랑한 육사가 부끄럽다면
내가 죽어야 부하가 살고
내가 죽어서 육사인의 영광이라면
군인된 자, 기꺼이 죽어야 할 순간에 서있는 줄 알기에

나의 몸이 산산이 부서지는 한이 있더라도
나의 뼈와 살이 찢기어 파편을 막아서라도
가슴에 하나 가득 부하사랑을 다 받쳤을 뿐 입니다"

(3)
아! 검푸른 바다와 금백색 모래가 파도와 대화하는 고향 강릉
아름다운 강릉에서 자라며 꿈을 키웠던 시절의 이야기들
성실 창조 조화 강고인의 웅지를 품고 넘었던 대관령길
그리고 태릉골 화랑대에서 사관생도 시절이 있었습니다

1967년 청운의 꿈을 품고 육군 소위가 되던 날
'내 생명 조국을 위해'라는 조국애와
'위국헌신 군인본분'이라는 충성심과
안일한 불의의 길보다 험난한 정의의 길을 택하라는 신조로
가장 위험한 시간과 장소에 언제나 부하들 앞에 서겠다고
우리들의 가슴에는 크고 작은 강재구를 품고 다짐했습니다

(4)
이제 육사총동창회에서 '자랑스러운 육사인상'을 헌정합니다
이 상은 순국의 미화가 아니라 생명의 부활입니다
이 상은 죽은 자에게 주는 것이 아니라 다시 산 자에게 주는 훈장입니다
이 상은 님께서 사랑한 육사와 중대원이 드리는 별빛입니다

오늘 님을 추억한다는 것은 새삼 가슴이 미어지는
심장 속으로 파고드는 그리움이지만
우리가 슬퍼할 것만은 아니라는 것을
눈시울 적시며 아파할 일만은 아니기에
영전에 바치는 이 위대한 상을 웃으며 받으셔야 합니다.

추모하는 슬픔에 더 슬픈 이유는 보고픔이지만
저 당당한 님의 현신現身은 영생의 재회입니다
자유민주주의 대한민국을 지켰던 군인의 길에서
호국의 별이 되어 대관령 밤하늘에 반짝인다면
그 별빛은 영원히 살아계신 우리 모두의 정경화 소령입니다.

<윤희순 의병장 제89주기 헌다례>

조선의 의병장 윤희순 의사는 불꽃이시라

(1)
대한제국의 가녀린 등불이 비바람에 흔들릴 때
단군조선의 정기를 타고 태어난 한 소녀가 있었습니다
서세동점의 국난시대를 바라보며 위기를 직감한 소녀는
과년에 시집온 의병 가문에서 독립운동의 뜻을 세웠습니다

황후가 시해 당한 을미사변의 치욕을 품었던 윤희순은
"남녀가 유별한들 나라없이 소용있나
우리도 나아가 의병하러 나가보세" 노래를 짓고
아녀자를 모집하여 여성의병대를 조직했습니다

정미의병에는 죽기를 각오한 의병장으로
길쌈을 내려놓고 화약 탄환을 제조한 여전사로
안중근 의사의 하얼빈 의거를 꿰뚫어 본 선각자로
과연 절개와 의기로 면면한 조선의 여장부로 성장하였습니다

(2)
경술국치의 한을 품고 오른 망명길은 독립의 불꽃
고조선의 고토 만주로 가는 길은 불굴의 투혼
고구려 강토 만주벌에서 노학당을 세워 투사를 양성하며
항일투쟁의 3대를 이어간 조선독립단장 윤희순 의사셨습니다

3.1만세운동의 함성과 일제에 맞선 항일의 길
임시정부 수립과 자주독립을 향한 고난의 길
청산리대첩의 승전보는 위대한 항쟁의 길로
그 길은 외길, 독립을 향해 살으신 윤희순의 운명이었습니다

고희의 노구를 이끌고 독립군을 지원했던 윤희순 의사님!
그러나 맏아들이 일경에 잡혀 모진 고문으로
길바닥에서 아들을 품에 안고 눈을 감겨야 했던 그 비극
식어가는 아들의 시신을 부여안고 얼마나 우셨을까요! 얼마나 우셨습니까?

(3)
아! 조국 독립의 꿈을 못보시고 순국하셨지만
마침내 독립한 조국에서 영면하시오니 다 이루신겁니다
그리고 오늘 우리 후대들이 가슴에 간직하고 추모하는 한
저 당차신 모습 그대로 살아계신 윤희순 의병장이십니다

아녀자로서 외면해도 되었던 망국의 격랑에서
남정네들도 두렵고 힘겨운 독립운동의 험로를 걸으신
조선의 의병장 윤희순 의사님이시여!
결코 지지않는, 다시는 질 수 없는 불꽃으로 피셨습니다

오늘 이 순간 우리들에게 윤희순 의병장께서 묻고 계십니다
"순국선열께서 어떻게 싸워, 어떻게 찾은 조국인 줄 아는가?"
"나의 가문 3대가 목숨 받쳐 꿈꾸던 대한민국인 줄 아는가?"
"그대들은 조국 대한민국을 진정 사랑하는가?"라고.

<철기 이범석 장군 제52주기 추모시>

꺼지지 않는 우둥불 철기 이범석 장군

(1)
대한제국의 가녀린 등불이 비바람에 흔들릴 때
단군조선의 정기를 타고 태어난 사내아이가 있었습니다
파란만장한 국난시대를 지나며 올곧게 자란 소년은
과년瓜年에 독립입지, 혈혈단신으로 망명을 결행했던 이범석!
과연 그 인물됨이 민족의 지도자로 비범한 영웅이라 할 것입니다

약관弱冠에 중국군 기병장교로 수석졸업한 이범석은
신흥무관학교 교관으로 독립군을 양성했고
김좌진 장군의 북로군정서군 중대장으로 풍찬노숙
일본군의 섬멸을 위해 만주벌판을 전장터로 누볐으며
엄동설한에도 우둥불 쪼이며 독립투쟁을 멈추지 않으셨습니다

북로군정서군의 연성대장 철기 이범석은
불구대천 일본군을 청산리 백운평에서 기필코
조선민족의 망국원한을 갚아주었습니다
청산리대첩에서 보여준 독립군의 투혼은
꺼져가던 3.1 만세 함성을 전승의 우둥불로 다시 지피셨습니다

(2)
열혈 20대의 청춘을 독립군으로
만주와 연해주 백두성산의 밀림을 누볐고
고려혁명군으로 동북항일군으로
임시정부의 광복군으로 해방 후 국내진공작전까지
항일투쟁에 다 쏟아부었던 우둥불의 군인으로 살으셨습니다

1946년 광복군 중장 자격으로 귀국 즉시
'국가지상 민족지상'의 족청族靑을 결성하신 청년운동은
신생 대한민국을 수호하기 위한 애국의 결단으로
철기 이범석 장군만이 피울 수 있는 호국의 우둥불이었습니다

대한민국 정부수립을 향한 찬탁 반탁의 대혼란에서
이승만 대통령과 자유민주주의 가치를 지켜내셨던 철기!
초대 국무총리로, 초대 국방장관으로 취임한 영광과
'국군 건설의 아버지'로 존경받는 삶에는
조국애의 우둥불로 길 밝히셨기 때문입니다

(3)
다 이루지 못한 철기의 꿈이 있다 할 지라도
오늘 우리가 가슴에 간직하고 추모하는 한
그 꿈은 꺼지지 않는 우둥불로
대한민국과 국군의 미래를 지필 것입니다

결기에 찬 10대 소년의 망명에서
20~30대 청춘을 독립군 광복군으로 전선을 누비고
40대는 신생 대한민국의 초석과 창군을 이뤄내셨던 철기!
"한평생 조국 때문에 살아왔다고 자부해도 부끄러움이 없다"고
회고하셨던
꺼지지 않는 우둥불의 삶은 영원히 타오르고 있습니다

오늘 이 자리에 오신 우리들에게 철기장군님께서 묻고 계십니다
"제군들! 어떻게 되찾아서, 어떻게 지킨 조국인 줄 아는가?
우둥불에 밤새 떨며 목숨바쳐 물려준 대한민국 아닌가?
그대들의 가슴에 우둥불은 피어있는가?"

<천안함 피격 제12주기 추모헌시>

천안함은 오늘도 서해를 지키고 있다

(1)
2010년 3월 26일 21시 22분
바다도 잠을 자던 백령도 서남방 2.5키로
NLL을 지키라는 군령을 받아
천안함 당당히 항해하던 시간이었습니다

아뿔싸 붉은 잠수정이 심해에 숨어
어뢰를 겨누고 있을 줄이야
미친 개가 아니고서는 차마 저지를 수 없는
천인공노할 만행 이었습니다

암흑의 바다, 거친 파도, 생사의 순간에도
전우들과 함께 죽을지언정
비겁하지 않았던 46용사들
충무공의 후예답게 장렬한 최후를 맞았습니다

(2)
서해교전의 영웅들과 46용사들이
죽음으로 지켜낸 NLL은
대한민국 해군의 투혼으로
다시는 침략할 수 없는 영해로
우리의 바다로 지켜냈기에
어제도 오늘도 내일도
항해할 수 있음을 알고 있습니까?

결코 헛되지 않으리니
결단코 헛될 수 없으리니
46용사들의 충혼은
살아서는 조국과 함께
죽어서도 해군과 함께
대양 해군의 불침전함 천안함의 이름으로
오늘도 서해를 지키고 있습니다

(3)
천안함 46영웅이시여!

가슴 져미는 아픔으로
너무나 슬퍼했던 시간들이
어언 12년 세월이 흘러 흘러
이처럼 그리움 될 줄 몰랐습니다

오늘은 님들의 영전에
무궁화 꽃송이를 바치고자
추모의 정을 가득 담아 드리고자
우리가 여기 함께 모였습니다

조국의 바다를 지켜낸 46용사들이시여!
불멸의 호국영령이시여!
영해수호의 불침전함 천안함과 함께
우리들 가슴에 사무친 추모의 서해에서
함께 사랑한 대한민국의 자유와 안보의 바다를
영원히 영원히 지켜주시옵소서.

<구국의 명장 고 백선엽 원수 제2주기 추모시>

더 찬란한 오성 장군의 빛으로

(1)
그날은 하늘도 땅도 애국국민도 울었습니다
그날은 눈물도 비와 함께 광화문을 적셨습니다
그렇게 떠나보낸 장군님을 그리움에 추모합니다

비록 나라도 군대도 없어 일제 군복을 입어야 했지만
국군 창군의 운명적 소임을 짊어진 선견지명이었고
동족상잔의 비극에서 나라를 구할 경륜이 되었습니다

전운이 감도는 남과 북의 먹구름 속에서도
서울의 북방을 방어하는 제1사단을 지휘하여
언제라도 싸워 이길 천하제일사단을 준비했습니다

(2)
6월 25일 새벽 4시, 탱크를 몰고 남침하는 북괴군을
맨주먹 육탄공격으로 곳곳에서 격파했던 용맹은
수도 서울을 지켜내려는 장군님의 결사투혼이었습니다

그해 8월 낙동강전선은 국가의 존망을 가름하는 결전장
"지금 나라의 운명이 이 전투에 달렸다" 외쳤던 장군님!
퇴각하는 부하들에게 "사단장이 물러나면 나를 쏴라" 명령했던
장군님!
그렇게 싸워서 이겼던 다부동 전투는 구국의 신화가 되었습니다

인천상륙작전의 성공으로 수도 서울을 탈환했고
38도선을 넘어서 북으로 북으로 진격하면서
평양을 선봉으로 점령한 장군님의 1사단은 천하무적이었습니다.

통일의 최선봉에서 압록강까지 진격했으나
그러나 중공 오랑캐의 개입으로 통일의 꿈이 무산된
그 천추의 한을 어찌 잊을 수 있겠습니까?

(3)
제1군단장, 제2군단장, 참모총장으로 전장을 누비며
그리고 대한민국 최초의 대장이 되신 위대한 군인!
미군 장성들도 경의를 표하는 대한민국의 전쟁영웅
그분이 바로 육군 대장 백선엽 장군님 이셨습니다

함께 싸웠던 미 육군 대장들이 고백하기를
"백선엽 장군은 한국 육군에서 가장 뛰어난 작전지휘관이었다"
"당시 한국군이 본분을 못했다는 나의 오판을 백장군 덕분에 고쳤다"
생전에는 미 대사가 무릎을 꿇어 인사했던 한국전의 영웅이셨습니다

아! 구국의 명장 백선엽 장군님이시여!
비로소 국민들의 정성을 모아 추대 드렸습니다
대한민국 최초의 오성 장군, 명예원수님으로!
그러하셨기에서 이제후로는
더 찬란한 오성장군의 빛으로 조국 대한민국을 지켜주소서!

<5.16군사혁명 제62주년 회고시>

우리에게 남겨진 혁명과업을 완수하라

(1)
1961년 5월 16일 새벽 미명
구국의 진군이 한강을 건넜습니다
나라를 구하려는 충무장의 결의로
혁명의 새벽을 깨우며 달렸던 그날
5월 16일은 새로운 조국의 첫 아침이었습니다

4.19 의거의 뜨거운 피와 함성을 저버리고
사리사욕과 부정부패 그리고 당리당략뿐
정치가 타락한 자리에 정쟁만 판치는
데모로 해가 떠서 데모로 해가 지는
2공화국은 망국전야 무정부상태 아니었습니까?

6.25 전쟁의 포화가 멈춘 지 고작 7년
북한의 재침설에 잠못이루던 국민들에게
나라는 없고 정부도 없고 권력의 야욕만 있는
정치도 경제도 민생도 다 망가진 나라를
바라만 보는게 군인의 우국충정은 아닐 것입니다

(2)
그때 1961년 5월 16일 03시의 새벽 가르며
실패하면 죽음인 줄 알면서도 갔던 길
그러나 이 길은 조국 대한민국을 구하는 길
대한민국의 자유민주주의를 자멸에서 구하는 길
박정희 장군과 동지들은 구국의 차에 올랐습니다
윤보선은 하야下野하며 말했습니다 분명히

"나라를 구하는 길은 이길 뿐...박장군은 위대한 일을 했다"고
"다행히 하늘이 도와서 나라일을 혁명위원회가 맡는다"고
"지금 안심하고 이 자리를 물러납니다"라고
혁명은 국민의 부름으로 나선 구국의 정의였습니다

군사혁명위원회가 한 일은
자유민주주의 국기를 바로 잡았고
반공을 국시로 세웠으며
민생의 암적 부조리를 일소하고
국태민안의 대한민국을 확고히 만들었습니다

(3)
그날 5.16혁명의 횃불이 아니었다면
국정은 끝도 없이 어둠 속에서
안보는 어둠 속에서 길을 잃고
경제는 재기가 어려운 늪으로 빠졌으리니
과연 대한민국이 생존이나 했겠습니까?

박정희 대통령의 용단으로
'한강의 기적' 경제성장으로
'싸우며 건설하자' 자주국방으로
'우리도 한 번 잘 살아보세' 새마을운동으로
조국의 근대화가 불꽃처럼 타올랐던 민족중흥이었습니다

박정희 대통령을 진심으로 흠모하신다면
그렇다면 미완의 혁명공약을 실천해야 합니다
"다섯, 국토통일을 위하여 공산주의와 싸워 이기라"
지금 종북주사파와의 전쟁에서 이기는 것이
박정희 대통령이 우리에게 남긴 혁명과업
그 혁명과 업을 완수하는 길에 평화통일이 있습니다.

<고 육영수 여사님 순국 제70주기 추모 헌시/가사>

목련이 필 때면

(1)
목련이 피는 봄이 오면 그리운 님이시여
밀려오는 그리움에 눈시울이 붉어지고
다정한 눈길에 고우신 미소가
목련빛 한복에 단아한 모습이 눈에 선해요

힘겨운 시절 내밀어 주신 손길
고단한 세월에 찾아주신 발걸음
지금도 추억 속에 살아계신 님이시여

그리고 목련이 필 때면 꽃잎마다
님의 미소 아로새겨진 엽서 한 장
님의 소박한 모습 담겨진 사진 한 장
그리고 목련이 필 때면 눈물꽃이 함께 피어나요

(2)
목련이 피는 봄이 오면 아련한 님이시여
젖어드는 보고픔에 긴 한숨이 나오고
사랑스런 눈길에 자상한 미소가
목련빛 한복에 순수한 사랑이 넘쳐나지요

가난한 국민을 보듬어 주신 손길
잘 살아보자고 북돋아주신 발걸음
지금도 추억 속에 영원하신 님이시여

그리고 목련이 필 때면 꽃잎마다
님의 미소 아로새겨진 엽서 한 장
님의 소박한 모습 담겨진 사진 한 장
그리고 목련이 필 때면 눈물꽃이 함께 피어나요.

<고 전두환 대통령 제1주기 추모시>

국가를 보위하신 각하의 영전에

(1)
10월 26일 저녁 7시!
하늘이 무너진 줄
땅이 꺼진 줄
마른 하늘에 날벼락은 이를 두고 하는 말이었습니다

민족중흥의 영도자 박정희 대통령의 서거는
대한민국의 시계가 멈춰버린 듯
청천벽력과 같은 절망과 좌절의 슬픔이었습니다

졸지에 지도자의 부재는 망국의 위기로 치닫고
민주주의를 위장한 반국가 세력의 난동은 거리를 메우고
국정은 파탄으로, 국민을 선동으로 몰아가는
대혼란의 폭풍우가 닥쳐왔던 80년의 봄을 기억하십니까?

믿었던 정치인들은 정권욕에 눈이 멀었고
설마 했던 정당들은 혼란을 자극했으며
경제가 망가져가고 민생이 도탄에 빠져도 외면한 채로
대한민국의 파멸에도 그들의 춤사위는 광란이었습니다

(2)
그러나 대한민국에는 육군사관학교가 있는 줄 아십니까?
서울의 동북 태릉에는 조국을 위해 생명을 바친 사관생도들과
위국헌신 군인본분과 멸사봉공의 충성스런 장교들과
군복을 입었거나 벗었거나 조국과 함께하는 육사인들
바로 그 가운데 각하께서도 엄정히 계셨습니다

'내 생명 조국을 위해' 호국비 앞에서
'국가와 민족을 위하여 생명을 바친다'고 맹세한 추성들
종북반역의 무리를 바라만 볼 수 없었기에
각하께 국난극복의 소임을 지워드린건 국민의 뜻이었습니다

각하께서 나라를 구한 국가보위의 길은
자유와 민주 그리고 정의를 향한 대통령 각하의 숙명이었고
죽어야 사는 길이며 살아도 죽을 수 있는 영욕의 길인 줄
알면서도 걸어야 하는 대통령 각하의 운명이셨습니다

(3)
청문회로, 백담사로, 구치소로, 재판으로, 사형과 사면
너무나 참혹한 가시밭길이 기다리고 있었지만
배신과 모멸의 계절에 인생의 시련을 견디면서도
"그들은 아무 죄가 없다. 내가 다 책임지겠다"는 최후진술은
한 시대를 영도하신 각하의 큰 도량이셨습니다

아! 2021년 11월 23일!
이 시대의 마지막 대통령 각하는 먼 길을 떠나셨습니다
대한민국을 뒤로 극락왕생의 길을 떠나셨습니다
다 이루고, 다 이기고, 다 놔두고 훌훌 떠나셨습니다

전두환 대통령 각하!
국난을 극복하고 국가를 보위하신 각하를 추모합니다
현충원으로 모시지 못해 오늘도 송구합니다

전두환 대통령 각하!
부디 조국 대한민국의 수호신으로
자유와 민주주의를 지켜주시옵소서!

<2021년도 5.18 전사영웅 추모시>

그 장렬하신 죽음으로 나라를 구했나니

(1)
1980년 5월의 어느 날
님들은 흔들리는 나라의 혼돈 속으로
아무도 가지 않으려는 그 위험한 길을
군령을 받아 출동하던 그때 그곳에서
돌진하는 장갑차와 탈취된 트럭의 공격으로
정체불명의 기습을 받아야 했었던 그 순간
설마하던 그런 일을 생각이나 했겠습니까?
즉각 사격대응하며 알 수 없는 적과 싸웠지만
천추의 한으로 억울한 죽음을 당해야했습니다.

단군이래 최대최악의 국난위기를 맞아
나라의 안정을 찾기위해 갔었던 호국의 길
총기로 무장한 폭도들 아닌 자 없었건만
저들은 민주화 운동가로 온갖 포상을 퍼주면서
저들과 싸웠던 님들은 이리 홀대할 수 있는 겁니까?

무장했다면 적들인데
적들과 싸웠다면 그 죽음이 영예로운 전사임에도
님들은 그 적들과 싸웠던 전사자임에도
유공자도, 전사자도, 영웅도 아닌
순국이라는 헐값에 이래도 되는 겁니까?
조국 대한민국 맞습니까?
국방부 있는거 맞습니까?

(2)
우리는 알고 있습니다.
님들의 억울하신 죽음을
님들의 장렬하신 희생을
님들의 산화하신 진실을

우리는 이미 님들을 호국영웅이라 부르고 있습니다
위대한 27 호국영웅들이시라고!

님들의 희생한 시간과 장소가 달라도
그 뜨거운 피가 호국제단에 하나가 되어 고였고
고귀한 목숨을 바치신 우국충정을 어이 잊겠습니까?

님들에게 총질한 자들은 광주시민이 아닙니다
양가죽을 쓴 이리도 그리 할 수 없습니다
만일 그런 지시를 했다면 시민이 아닌
불법 무장한 불순분자들이었을 겁니다

하늘이 알고 땅이 아는 진실은
언제고 반드시 인간에게 계시로 나타나는 법
억울한 죽음은 절대로 묻힐 수 없는 법
유엔과 세계 인권단체
여기 이 자리에 함께한 동지들이 알고 있습니다
여기 이 자리에 함께한 동지들은 알고 있습니다
하늘이 땅이 두 조각 난다해도 우리는 알고 있습니다

(3)
호국의 27위 영웅이시여!
님들의 소중한 희생으로 나라가 버텨왔습니다
님들의 위대한 헌신으로 국민이 살아왔습니다
그날 그 시간 그 자리에서 있을 수 없는
반란폭도의 총질에 희생되신 그 있을 수 없는 일

그 출동은 호국의 길이라는 진실을
감히 누가 이리도 억울하게 모질게 대하는 겁니까?

그러나 오늘은 27위 영웅님들께 헌화하고져
그 장렬하신 산화의 아름다운 죽음을 받들고져
자유민주주의를 위한 사랑의 희생을 기리고져
우리가 진실의 역사를 가슴에 안고 왔습니다

호국의 27위 영웅이시여!
이제 국난극복의 장렬한 전사자의 명예를 드립니다
호국의 제단에 흘리신 선혈이 아직 뜨거운데
역사가 진리와 손을 잡고 진실과 마주하는 날까지
부디 영원히 지지않는 무궁화꽃으로
자유대한의 영광을 지켜주옵소서!
호국의 불사신으로 대한민국의 군신이 되소서!

사랑하는 가족들의 눈물이 마르는 그날까지
추모하는 우리 동지들의 사랑이 식는 날까지
사랑합니다
기억합니다
그리고 아직은 미안합니다

27의 호국영웅이신 님들이시여!

<자랑스런 육사인 대상 수상자 고 이상봉 동문 추모시>

바라만 볼 수 없지 않은가?

(1)
내 생명 조국을 위해 선택한 군인의 길
참고, 참고 또 참아야 하는 외로운 이 길
자신과의 싸움에서 이긴 자만이 걸을 수 있었던 이 길
부귀영화 배부름보다 힘겹고 배고픈 군인의 길 위에
위국헌신 군인본분의 충성스런 육사인들이 걷고 있습니다

대한민국 국군의 신성한 계급장을 달고
명령에 살고 명령에 죽는 군인의 삶에서
언제 어디서고 조국을 위해서 죽음을 꿈꾸었던
그런 충직한 군인들에게 부끄럽지 않았던 이 길
그 육사인의 길 위에 고 이상봉 동문님도 있었습니다

(2)
고 이상봉 동문님은 한결같은 군인의 길에서
안보의 불침번으로 푸른 시절을 다 바치셨고
월남전선으로 목숨조차 던지셨던 군인으로
전승 신화의 안케패스의 영웅이 되셨습니다

5년전 자유과 민주주의가 위기에 처하자
노구를 이끄시고 광화문에 우뚝 서서
"육사인이라면 이대로 바라만 볼 수 없지 않은가?"
뜨거운 절규를 외치시고 선봉에 서셨던 선배님
멸사봉공의 당당한 육사인의 길이 되셨습니다

대한민국의 자유와 민주주의가 살아난다면
"백 번인들 천 번인들 죽음을 두렵겠는가?" 하시며
광화문 광장에서 앞장을 서주셨던 이상봉 선배님
그 위대한 투쟁의 열매는 아름답게 찬란하게 맺어졌습니다

(3)
이제 고 이상봉 동문님을 추억한다는 것은
심장 속으로 파고드는 그리움의 눈물이지만
우리가 슬퍼만 할 때가 아니라는 것을
눈물만 흘릴 때가 아니라는 것을 알게 하였기에
우리 지금 여기 이 자리에 다 함께 자리하였습니다

자유민주주의 대한민국의 산제사되신 이상봉 동문님이시여!
이제는 호국의 별 되시어 대한민국을 굽어 살펴주옵소서
'이대로 바라만 볼 수 없지 않은가?'라는 그 진실만은
우리들 눈가에 눈물이 마를지라도
영원히 영원히 잊지 않을 것입니다.

<현대사 재조명 세미나 축시>

현대사의 낙동강 전선에서 이겨야 산다

(1)
우리 만큼 질곡의 현대사를 거쳤던 국민도 있을까요?
해방과 독립 그런데 남북분단으로
좌우익 정치싸움으로 뜨고 지고 새는 이념의 혼돈 속에
힘겹게 대한민국의 건국과 자유민주 정부를 수립했습니다

그런데 마른 하늘에 날벼락 6.25전쟁의 소용돌이에서
서울도 뺏기고 낙동강전선까지 그러나 유엔군과 함께 막아냈고
오랑캐의 개입으로 1.4 후퇴하며 피눈물을 흘려야 했습니다
아! 길고 긴 3년 1개월 2일! 1129일이여!
휴전으로 다시 남북한은 69년째 분단과 전쟁을 하고 있습니다

(2)
6.25가 남긴 분단의 아픔과 처절한 고통과 가난을
싸우며 건설하자는, 우리도 할 수 있다는
근면 자조 협동의 새마을 정신으로
독일로, 월남으로, 중동으로, 세계 어디라도
겁도 없이 용감하게 날아가서 한강의 기적을 만들어냈습니다

아시안게임과 88올림픽, 월드컵까지 다 해낸 기적의 나라
수출입국에서 수출강국으로, 스포츠, 반도체, 자동차의 최강국으로
세계 10위 경제대국 대한민국은 존경받는 나라가 되었고
K-문화예술로 세계인이 부러워하는 문화강국 코리아 아닙니까?

(3)
알고보면 현대사는 과거사의 극복과 미래사의 도전
북한의 무수한 대남도발 현장에서 싸웠고
안보를 지켜냈던 젊은 날의 우리들은 조국의 영웅!
우리들의 가슴에는 크고 작은 강재구를 품고 근무했습니다

안보의 무거운 짐을 지고 힘겨워하는 조국을 위해
청춘을 다 바쳐 산하와 영공 영해를 지켰던 우리들
군복을 벗었어도 심장의 피는 나라사랑의 충성입니다

(4)
인생의 칠순, 팔순, 구순을 바라보는 노구를 이끌고
현대사의 중심에서 나라와 민족을 지켰던 호국의 전사들
절대로 포기할 수는 없습니다
생명 받쳐 지켜낸 우리의 조국이기 때문입니다

아십니까? 오늘 이 순간이 현대사의 낙동강전선이라는 사실을
이 전선에서 밀리고 뚫리면 미래사는 없다는 사실을 아십니까?
동지들이여! 우리가 다시 일어나야 합니다!
육사인들이여! 앞서 나가야 합니다. 그래야 육사인입니다

지금 현대사의 낙동강전선에 우리 함께 서 있습니다
노병의 투혼으로 최후의 일인까지 싸워야 합니다
죽을지언정 반드시 기필코 싸워서 이겨서
대한민국의 위대한 현대사를 후손에게 물려줘야 합니다.

맥아더 장군의 연설이 들려옵니다
"Old Soldiers, Never Die; They Just Fade Away."

<파독간호사 55주년 축시>

코리안 엔젤의 영원한 비상飛翔이여

(1)
그해는 1966년, 아직도 전쟁의 고통에 힘겨웠던
먹고살기도 버겁던 모두가 가난한 시절
그래도 살갑던 부모형제와 행복을 꿈꾸며
단발머리 교복에 천진무구한 여고시절이었습니다

공부보다 직장 찾아 가족생계가 급했었기에
그래서 간호사의 길은 소녀들의 꿈이 되었고
독일로 가는 해외진출이라는 뉴스에 놀라
가슴 설레며 신검과 신원조사 거쳐 합격이 되었습니다

난생 처음 고향을 떠나는 그것도 아주 멀리 독일로
사랑하는 어머니, 아버지, 언니와 오빠, 동생들과
생이별의 전야는 눈물과 한숨의 밤샘이었지만
이 길이 가난을 이기고 다 잘사는 길이라고 믿었습니다

(2)
김포공항의 이별은 생사의 갈림길보다 더 슬펐고
어젯밤 고추가루를 싸시며 우셨던 어머니도
해외로 보낸다고 못난 애비 용서하라는 아버지도
그런 마지막같은 이별도 비행기 엔진소리에 다 묻혀버렸습니다

처음타는 비행기의 이륙의 순간부터 길고 긴 비상은
이미 우리들의 꿈을 가득 실은 새로운 비상(飛上)으로
야무진 코리안 엔젤의 본때를 보이겠다는 각오로
옆자리의 친구 손을 꼬옥 잡은 채 한마음이 되었습니다

프랑크푸르트 공항의 착륙과 첫 발걸음은 두려움으로
이역만리 타향살이가 눈물의 밤낮으로 시작되었고
말도 음식도 일도 생각도 왜 그리 다른게 많았던지
그러나 월급날만은 힘겨움보다 기뻐할 가족생각에 행복했습니다

(3)
아침 번, 오후 번, 밤 번 3교대 근무하랴 빈틈없는 성실함에
독일 병동의 만델 아우겐(Mandel Augen)은 존경으로 빛났고
그런 세월 속에 황금 같았던 삼십대, 사십대, 오십대를 지났고
이순(耳順)과 고희(古稀)를 향하는 코리안 엔젤에게 후회는 없습니다

그러나 긴 타향살이에 희노애락은 55년간 추억들이 되었고
가정도 이루어 자식도 낳아서 그리고 축복의 손자들도 안았으니
그 자식들도 독일에서 둥지를 틀고 푸른 날개를 펼쳐 비상하는
모든 꿈이 이루어진 지난 세월의 인생열매에 그저 감사를 합니다

돌이켜보면 우리들의 작은 정성과 나라 사랑으로
가난했던 집안도 버젓이 잘 사는 행복을 누렸고
가난했던 조국 대한민국도 부강한 나라가 되었고
55년 전 용감했던 이 길은 정말 꿈을 향한 비상이었습니다

(4)
아! 열정의 마음으로 타올랐던 청춘의 세월이여!
이제는 단풍에 물든 아름다운 황혼의 시간으로
그러나 아직도 꺼지지않는 뜨거운 가슴에는
한결같은 나라사랑과 가족사랑과 자식사랑 뿐 입니다

붉디붉은 불길로 하늘을 태우려는 노을처럼
연기도 없이 불티도 없이 하늘에 불 지피우고
어떤 불꽃보다 더 아름다운 노을처럼
코리안 엔젤은 인생에서 가장 아름다운 사랑입니다

지난 55년간 코리안 엔젤은 대한민국의 장한 딸들로
우리 모두가 독일에서 잘 해냈고 잘 살았던 시간이었습니다
세계인의 칭찬을 하나 가득 넘치게 받으며 일했던 시간이었습니다
오늘도 내일도 코리안 엔젤의 비상(飛翔)은 영원할 것입니다.

<월드킴와(World-KIMWA)세계대회 개막축시>

세계에 피어나는 월드킴와 사랑이여

(1)
먼 타국 땅에 발을 디딘 그날
그 낯선 언어와 문화의 벽 앞에서
주저앉고 싶었던 순간이 한두 번 이었겠습니까?
그때마다 용기내어 다시 일어서야 했던 여인들

언어의 장벽을 넘어
마음의 소리를 소통하며
어색한 단어들 속에서도
사랑을 전하는 눈빛으로 끝내 하나가 된 여인들

낯선 풍습과 다른 삶의 방식
그러나 한국의 뿌리를 잊지않고
서로 다른 문화를 존중하며
화합의 길을 열어왔던 지혜로운 여인들

낮에는 일하며 자녀를 돌보고
밤에는 남모르는 눈물을 삼키며
가족을 위한 억척스런 생활에는
언제 어디서고 남다른 정신으로
조국 대한민국이 가슴에 있었기 때문입니다

(2)
사소한 갈등과 오해 속에서도
침착하게 마음을 다스리며
사랑과 이해로 가정을 지켰던
강한 어머니의 모습은 한국 여인만의
자신감 넘치는 지조와 절개였습니다

아이들을 잡은 손은 어떤 비바람 눈보라 속에서도
결코 절대로 놓지않는 뜨거운 모정
한국의 어머니상을 저들에게 심으며
모진 아픔도 이겨냈던 우리의 여인들입니다

모든 것을 내어주고도
더 줄 것이 있으면 아낌없이 다 주는
우리들의 어머니에게 배운 가슴 절절한 사랑으로
세계인들에게 감동의 햇살이 되었던 여인들이
지금 이 자리에 당당하신 월드킴와 여러분이십니다

(3)
어느덧 은빛 면류관을 얹은 세월
한 줄 두 줄 깊어지는 인생의 흔적에도
칭찬받는 어머니
존경받는 여성 지도자로
저들이 따라 배우는 모범된 월드킴와 여러분입니다

이제 월드킴와의 이야기는
누군가의 꿈이 되었고 미래가 되었습니다
월드킴와가 심은 사랑과 헌신의 나무가
세상 곳곳에서 숲을 이루고 가지마다 열매를 맺고 있습니다

첫 날개를 폈던 월드킴와 어머니들이시여!
희생과 헌신과 봉사로 이루어낸 사랑이여!
꽃으로 가득 피어서 세상을 환히 비추고
행복의 비상으로 더 높이 날아오를 시간입니다

이제 진실로 진심으로
그 아름다운 삶의 길이 여기에 모였기에
우리 월드킴와는 대한국인과 세계인의
영원한 신화가 되고 말았습니다.

<파독 광부 제60주년 축시>

우리들이 캐낸 것은 기적이었습니다

(1)
1963년 12월 21일은 역사적인 날!
대한민국의 '꿈'이 독일을 향했던 날!
2023년 12월 21일은 '꿈'을 다 이룬 날!
파독 60주년의 날로 대한민국이 감사하는 날입니다

머리에 내린 눈발을 헤치며
아마득한 1963년의 흑백시대는
돌이켜보니 그때 그 시절 캐었던 것이
아무데서나 캘 수 있는 것이 아니라
오직 독일에서만 캘 수 있었던 꿈과 사랑이었습니다

(2)
아! 60년 전 대한민국은
꿈조차 꿀 수 없는 가난의 골목길
그해 가을 '파독 광부 모집' 소식에
겁없이 도전했던 청춘들이 바로 당신들이셨습니다

광산 갱도가 뭔지도 몰랐던
곡괭이 조차 잡아본 적 없었던
탄차도 밀어본 적도 없었지만 잘살아보려는 꿈 하나로
독일을 향했던 도전과 용기는 기적의 시작이었습니다

(3)
그해 겨울 그 깊고 어둡고 답답했던
지하 1000m, 35℃ 막장에서 흘린 땀과
눈물과 먼지와 탄가루가 뒤범벅이 된 빵을 먹으면서
환하게 웃었던 미소는 당신들의 '멋'이었습니다

아! 캐었던 석탄을 지금 돌이켜보니
우리들의 꿈이었고, 가족들의 희망이었고,
조국에의 사랑이었으며
대한민국의 기적을 바라던 당신들의 기도였습니다

그 시절 당신들이 보낸 마르크화는
우리도 한 번 잘살아보려는 '새벽종'이 되었고
공장도 짓고 고속도로도 내었던 '우리 힘'이 되었으며
싸우면서 건설하는 조국의 '새마을'이 되었습니다

(4)
'라인강의 기적' 독일이 제공한 1억5천만 마르크는
가장 성실하고 가장 근면하고 가장 일 잘하는
대한민국 광부 당신들께서 조국이 간절할 때
땀과 눈물로 보내주신 '기적의 선물'이었습니다

함보른 광산에서 대통령 내외분과
하염없이 흘렸던 눈물은
국민으로서 흘릴 수 있었던 아름다운 눈물이었고
그 눈물이 모여 모여 라인강을 적시고
그 눈물이 한강으로 흘러서
'한강의 기적'을 만들었다고 그렇게 우리는 알고 있습니다

(5)
당신들은 존경과 사랑받기에 충분하신 위대한 한인동포!
이역만리 독일에서 캐었던 석탄은
지금도 꺼지지않는 '전설의 불꽃'으로 타오르며
'불멸의 신화'가 되어 오늘의 대한민국을 데우고 있습니다

세계 최고의 나라 코리아의 첫 마중물 되신 파독광부님들은
조국의 번영에 초석으로 살아계신 '전설'입니다
꿈과 사랑을 삶으로 보여준 '신화'입니다
어제도 오늘도 내일도 대한국인의 '첫 기적'으로 영원하소서!

<유럽한인 총연합회 고국방문 축시>

유럽 한인 100년의 발자취는 약속의 꿈

(1)
1919년 3월 1일 조선민족의 독립만세 함성은
삼천리 금수강산을 피로 물들이고 좌절로 남겨졌습니다
'세계만방에 고하야 인류평등의 대의를 극명'하겠다는
민족적 요구를 짓밟은 일제 만행은 인류사의 죄악되었습니다

열강의 치열한 다툼은 조선에게 어둠의 시대였지만
그러나 이대로 머물 수 없었던 조선의 선열들께서
만주를 지나 시베리아를 지나 유럽의 영국, 프랑스로 향했던
조선인들의 발걸음은 바로 유럽 한인의 첫 역사가 되었습니다

1919년 11월 19일은 35인의 조선인 개척자들이
프랑스 스위프에 도달하여 유럽한인의 길을 열었던 날
그러나 우선 일제 총칼아래 신음하는 조국을 생각하며
3월 1일 대한독립만세를 외쳤던 의병정신을 잊지 않았고
독립운동을 위해 한 푼 두 푼 모아서 지원했다는 진실은
다시 생각해도 눈시울이 뜨거운 감동과 감격입니다

(2)
광복의 날이 왔을 때 가장 기뻐했던 유럽 한인 선열들
6.25 전쟁의 참화에는 가장 가슴아파했던 유럽 한인 동포들
조국을 재건할 때 가장 먼저 도왔던 유럽 한인 사회
파독 광부, 간호사를 가장 따뜻하게 안아주었던 유럽 한인은
우리 민족의 꿈과 희망과 자부심이었습니다

이억만 리 유럽땅에 살아도 항상 조국을 향했던
유럽 한인 동포사회의 나라사랑과 가족사랑은
조국이 모진 가난과 배고픔에 허덕일 때
한강의 기적 대한민국이 될 수 있었던 힘
그것은 자랑스러운 유럽 한인 동포들이었습니다

(3)
아! 유럽 한인 100년의 발자취여!
유럽 한인의 100년사는 조국을 살린 구국의 역사입니다
유럽 한인의 동포들은 조국을 발전시킨 애국의 주인공입니다
유럽 한인 동포들의 지원이 조국의 큰 저력이었습니다
바로 유럽 한인의 100년 발자취는 꿈꾸던 약속이었습니다

아! 유럽 한인 100년의 발자취여!
그 위대한 여정이여! 그 놀라운 기적이여!
다시 쓸 수 없는 유럽 한인 100년의 역사는
100년 전 꿈꾸던 약속을 이룬
위대한 영광의 발자취가 되었습니다.

<가나야마 마사히데(金山政英) 주한일본대사 제25주기 추모헌시>

한일 우호의 다리를 걸어서 현해탄을 건너야한다

(1)
한국과 일본 사이에는 넘지만 넘지 못하는 바다 현해탄이 있습니다
바다만큼이나 멀고 깊은 원은怨恩의 역사가 거친 풍파로 막혀
그 바다는 한국과 일본을 가깝고도 먼 이웃으로 갈라놓고 있습니다

고조선 이래로 고구려, 백제, 신라의 삼국시대에 문명을 교류하며
불교와 벼농사, 한자와 유교경전, 종이와 먹을 전수하였고
공존 공영했던 역사가 있었지만 한일 우호는 상처로 남아 있습니다

일제의 무력 앞에 침탈당한 망국 조선의 아픔이여!
대한독립만세를 외쳤던 3.1운동의 무참한 좌절이여!
그러나 의병, 독립군, 광복군의 투쟁으로 되찾은 대한민국입니다

(2)
6.25전쟁으로 나라와 민족이 가난과 배고픔에 힘겨웠지만
위대한 지도자의 결단으로 한국과 일본이 손잡았을 때
현해탄의 격랑 속에서 용서와 화해가 싹트기 시작했습니다

아! 엄혹한 시대에 주한일본대사로 오신 분은 가나야마 마사히데님!

누구보다 한·일관계의 중요성을 가슴에 품고 부임하신 대사님은
'제2의 인생은 일·한 우호를 위해 바치겠다'고 오신 대사님 이었
습니다

언젠가 박정희 대통령께서 대한민국 주일전권대사로 임명하며
포항제철을 만드는 일에 앞장 서달라는 불가능한 임무를 주었지만
일본 정재계를 설득 성사시킨 한국사랑은 일·한우호의 첫 기적
이었습니다

(3)
주한 일본대사로서 3.1절과 광복절에도 참석했던 진정성으로
비로소 한·일 우호의 교각을 현해탄에 놓으셨던 대사님!
저 현해탄에 가나야마 대사님은 일·한 우호의 첫 교각이 되었습
니다

대사님께서 놓아주신 일·한 우호의 교각위에 상판을 만들어야
합니다
대사님께서 세워주신 교각이 녹슬기 전에 일·한 국민이 상판을
놔야합니다
우호와 화해, 사랑과 진실 그리고 신뢰의 상판을 지금 우리가
올려야합니다

그리하여 한·일 우호의 영원한 증인 가나야마 대사님을 추모한다면
현해탄 바다 위로 한·일 우호의 다리를 꼬옥 건너야합니다
한·일 우호의 다리를 함께 걸어서 저 현해탄을 건너야만 합니다

아! 주한일본대사 가나야마 마사히데님이시여!
당신이 사랑한 나라 대한민국의 땅에서 영면하소서!
우리 모두는 당신의 헌신과 봉사를 영원히 기억할 것입니다.

<춘천대첩 제74주년 헌시>

구국의 전승 춘천대첩이여

(1)
새벽 4시의 정적을 깨는 포성이 고막을 찢고
불꽃 섬광은 38도선의 어둠을 가르고
북한군 기습남침의 광란은
동족상쟁의 전쟁으로 시작되었습니다

춘천을 향하여 폭풍같이 밀려드는 적 2군단은
땅크와 자주포를 앞세우고 거침없었지만
청성 6사단 장병들은 두려움없이 진지를 점령
소양강을 따라 방어진지로 결전을 준비했습니다

(2)
사단장 김종오, 2연대장 함병선, 7연대장 임부택, 19연대장 민병권
백척간두의 조국을 위해 죽기를 각오했던 지휘관들
아뿔싸 모진교 폭파의 실패로 흔들렸지만
옥산포 전투에서 자주포를 격파, 투혼에 불이 붙었습니다

소양강 방어선을 굽어보는 저 봉의산은
사느냐 죽느냐는 사생결단의 야전지휘소
포병화력으로 춘천벌을 적의 피로 물들였고
경찰, 학생, 방직여공, 시민이 함께 죽을 각오로 싸운 줄 아십니까?

(3)
결코 춘천을 내줄 수 없다는 청성 6사단의 결기에
무너지는 적의 부대들과, 널부러지는 시체들과
적의 피로 물든 소양강은 노을빛에 붉게 물들었고
끝내 3일을 버텨준 구국의 강인 줄 아셔야 합니다

청성사단이 버텨준 72시간은 조국을 살린 3일로
중과부족의 불리한 상황에서 거둔 첫 전승이였으며
맥아더 장군이 다녀갔고 한강방어선이 만들어진 것도
이 춘천전투의 승리로 가능했다는 것도 아셔야 합니다

(4)
사단장 김종오의 선견지명대로 준비했던 6사단
선승구전의 손자병법대로 이겨놓고 싸운 전투
임진왜란의 행주대첩처럼 군경관민의 총력전으로
1920년 청산리대첩을 계승한 독립군의 투혼입니다

그날 밤 춘천시내에 쏟아지는 적의 포탄들
난생 처음보는 땅크와 자주포의 괴물체들
밤새 두렵고 무서웠던 무수한 총성과 비명소리들
그러나 동요없이 함께 싸웠던 춘천시민들은 위대했습니다

(5)
여기는 조국의 운명을 가름한 격전의 땅
청성 6사단의 피로 지켜낸 성스러운 산하
필사즉생의 각오로 춘천을 사수한 상하동욕자승
수사불패로 싸워 이긴 구국의 전승 춘천대첩입니다

춘천대첩! 그 빛나는 승전보여!
대한민국의 자유와 민주를 지켜낸 구국의 전승이여!
비록 그날의 영웅들은 영면하였으나 그러나
조국의 수호신으로 별이 되어 빛나고 있습니다.

<창녕 박진대첩 제70주년 기념 축시>

박진 전승

이곳은 세계의 평화가 도전을 받았던 땅
미 육군 제2사단 23연대가 북한군과 싸웠던
더 이상 물러설 수 없었던 최후의 전선 이었다

그날 제23연대의 용감무쌍한 중대장들에게
"사수 아니면 죽음"이라는 최후의 명령이 내려왔고
낙동강을 적의 피로 물들이며 승리한 날 이었다

아! 그들은 승리를 위하여 헌신한 영웅들!
이제 장미로 무궁화로 한미동맹의 꽃으로 피어
자유와 민주주의의 영원한 미래를 지키고 있다.

BAKJIN BATTLE VICTORY

POET　JANG, SUN HWI

THIS LAND WHERE THE PEACE OF THE WORLD WAS CHALLENGED
THE 23RD RGT OF THE US ARMY 2ID FOUGHT AGAINST THE NKPA
WAS NO LONGER ABLE TO RETREAT FROM THE FRONT LINE

IT WAS THE DAY WHEN THE LAST ORDER "STAND OR DIE"
WAS GIVEN TO THE BRAVEST 23RD RGT COMPANY COMMANDERS
THE VICTORY OF DYING IN THE NAKDONG RIVER WITH THE BLOOD OF ENEMY

OH! THEY WERE THE HEROS DEVOTED FOR THE VICTORY!
NOW AS THE BLOOMING ROSE AND MUGUNGHWA OF THE ALLIANCE ROK-US
PROTECTING THE ETERNAL FUTURE OF THE FREEDOM AND DEMOCRACY

<6.25전쟁 제71주년 추모 헌시>

호국영령의 충혼가

(1)
오래전 아주 오래전에
아시아의 등불이 비바람에 흔들릴 때
조선을 살리고자 죽창을 들었던 영웅
일제 총칼에도 굴하지 않았던 의병이 있었습니다

아시아의 등불이 꺼져갈 때
그 등불을 부여잡고
대한제국을 위해 울었던 영웅
주저없이 총칼을 잡았던 독립군이 있었습니다

비록 망국의 서러움에 울어야 했지만
조국광복의 그 꿈을 향해
풍찬노숙 대륙을 전장터로 누볐던 영웅
죽음을 무릅쓰고 일제와 싸웠던 광복군이 있었습니다

대한민국이 독립하던 날
아시아의 등불이 비로소 켜졌을 때
그 등불을 지키고자 가장 먼저 달려온 영웅들
바로 그들이 대한민국 국군장병들 이었습니다.

(2)
설마 하던, 차마 저지를 수 없는 침략을
북한 공산괴뢰군은 탱크를 앞세워
무자비하게도 동족상쟁을 발호하고
자유와 평화의 대한민국을 짓밟았습니다

그러나 국가 존망의 위기에서
탱크를 육탄으로 막고 싸운 장렬함에는
의병과 독립군, 광복군을 계승한
국군장병들이 있었기에 가능했던 호국투혼이었습니다

이 산하 저 계곡에서 국군은 피를 흘렸고
이 능선 저 고지에서 호국의 별이 되어 스러져가며
죽음으로 지켜낸 성스러운 땅 조각들, 조각들
거룩한 땅, 바다, 하늘 아닌 곳이 없는
여기가 바로 자유 대한민국 아닙니까?

(3)
그렇게 싸우며 건설한 나라가
세계 속에 자랑스러운 '프리덤 코리아'가
민주주의를 꽃피우며 앞서가던 아시아의 등불이
왜 이리 초라한 지경이 되었습니까?
왜 이리 불안한 처지가 되었습니까?

주적이 누구이기에 이처럼 불안에 떨고 있습니까?
북핵문제 해결하나 못하는 종북굴중의 나라가 되었습니까?
이런 꼴 보려고 이름없는 산하에서 죽어야 했습니까?
맨주먹으로 싸웠던 호국영령께 참으로 부끄러운 오늘 입니다

오늘은 6.25 제71주년을 상기하는 멸공의 날입니다
심장의 박동처럼 용솟음치는 뜨거운 충성심으로
군복을 입었거나 벗었거나 명예와 애국심으로
살아도 죽어도 조국을 위해 받칠 우리들의 노래는
호국영령의 충혼가입니다.

<제20대 대한민국 윤석열 대통령 취임축시>

대한민국을 회복하신 여호와 닛시

(1)
어쩌다 이 지경이 되었습니까?
지난 5년은 어둠의 긴 터널에서 길을 잃고 헤매었던 혹독한 시절
진실로 지난 1826일은 마지막 자유를 누리는 것 같은 고통의
시간이었습니다
전쟁과 폐허에서 나라를 일으켜 젖과 꿀이 흐르는 땅으로 만든
대한민국을
저 어린 손자손녀들에게 넘겨주지 못하는 것은 아닌지 정말
두려웠습니다

촛불 탄핵으로 권력을 틀어쥔 채, 불법과 무능과 부정선거를
　저지르며
한미혈맹을 외면하고 종전선언으로 동맹파기를 음모했던
저 무모함과
하라는 북한 비핵화는 안하고 오히려 북한의 핵인질로 만든
저 무능함과
멀쩡한 시장경제를 파괴한 소득주도성장이라는 돈퍼주기식 경제
의 저 무지함과
세계 최고의 원전기술까지 말아먹은 정말 망국 직전의 5년 이었
습니다
그러고도 자화자찬 무궁화대훈장을 집어가는 후안무치를 그저
바라만봅니다

(2)
그러나 일찌기 여호와 하나님께서 기도하는 자기의 백성들을
사랑하셨고

광화문광장에서 각 교회에서 전 세계 교회에서 우리를 기도하게 하셨고
미스바의 회개로 3월 9일 싸워 이기게 해주신 기적과 축복으로 공정과 상식의 대통령 윤석열을 대한민국에 세울 수 있었습니다
하나님은 '여호와 닛시'5)로 현재(顯在)하셔서 대한민국을 회복시켜주셨습니다

새로운 나라 윤석열 정부가 '다시 도약하는 대한민국'을 시작하면서
'함께 잘 사는 국민의 나라'를 만들겠다는 공약을 잘 이행하게 해주소서
다시는 절대로 종북주사파에게 나라를 뺏기는 어리석음이 없도록 해주소서
어둠의 세력들에게 기도의 빛을 이길 수 없다는 진리를 깨닫게 해주소서.

---

5) 여호와 닛시: 기독교의 유일신 여호와의 별칭으로 '여호와는 나의 깃발'이라는 '승리의 신'을 의미함

<백석두 의장 출판기념식 축시>

인천의 꿈이 대한민국의 미래다

(1)
만주와 연해주, 한반도를 제패한 고조선이 있었습니다.
고구려 발해 신라 백제로 대륙과 쟁패하며 생존했습니다
통일신라로 고려로 조선으로 대한제국 그리고 대한민국으로
단기 4357년의 유구한 역사를 이어온 대한국인이 여기 있습니다

갑진년의 뜨거운 가슴으로 새해를 맞이하며
푸른 새벽을 가르는 푸른 빛이 누리를 감싸고
하늘과 땅과 바다가 하나된 시공 위로
청룡의 승천이 새해의 아침을 열어주고 있습니다

(2)
그 옛날 제물포는 개항장으로 격동기를 겪으며
서양의 문물을 최초로 받아들인 문명의 항구도시
열강의 첫 개항이 조선의 인천이었다는 자존심으로
제2의 개항 인천국제공항을 열었고
이제는 재외동포청 함께 제3의 개항신화를 쓰고 있습니다

과연 인천에 꿈이 있었습니까?
미추홀은 어진 백성들이 살아가는 인심 좋은 마을이라하여
고려의 인주로, 조선의 인천으로 첫 정명된 지 600여년!
그러나 역사의 인천은 삼국의 격전지로 전란을 겪고
조선의 개항지로 신문물을 받아들인 작으마한 포구마을
강화도조약이후 경제침탈의 현장으로 피눈물을 흘린 땅이었습니다

(3)
그러나 6.25전쟁으로 조국이 백척간두에 처했을 때
낙동강전선은 피로 물들고 더 이상 물러설 곳이 없을 때
절체절명의 9월 15일 새벽!
인천과 월미도는 무수한 포화를 뒤집어쓰며
인천상륙대첩을 성공시켜 구국의 도시로 우뚝 섰습니다

그 전장의 폐허 위에서 다시 핀 꽃이 인천인줄 아십니까?
인천은 현대사의 기적으로 핀 연꽃인줄 아십니까?
인천시민은 갯벌을 옥토로 상전벽해한 애향심의 불꽃입니다
월미도는 자유민주주의 불멸의 등대로 서있습니다
이미 오래전에 인천은 세계의 인천으로
사랑받고 있다는 사실을 아셔야 인천시민입니다

(4)
그 언제부터인가 인천에는 꿈이 있었습니다
꿈을 꾸는 인천으로, 꿈이 인천을 끌어가고 있습니다
인천이 꾸는 꿈이 대한민국의 미래가 되고
미래의 대한민국이 꿈꾸는 인천에서 시작되는
제3의 개항시대를 우리 인천시민이 지금 열어가고 있습니다

인천의 꿈은 대한민국의 미래를 넘어
세계의 미래가 되고, 세계의 평화가 되고 있습니다
지금 그 기적의 신화를 우리가 쓰고있다는 사실을
비로소 오늘 BSD[6)의 저서를 통해 확인하는 자리입니다
인천시민 여러분이 JB[7)와 함께 바로
인천의 꿈, 대한민국의 미래입니다.

---

6) BSD:백석두(Baek Suk Doo)의 이니셜(2024.1.9.), 세계행복나눔재단 의장, 제2대 인천시의원
7) JB:유정복(Yoo Jung Bok)의 이니셜(2025.2.2.공식화), 제8기 민선시장, 대한민국 시도지사협의회 회장

<육사생도 1기, 2기 참전 추념시>

불멸탑不滅塔의 육사혼陸士魂

(1)
1945년 광복의 기쁨으로 온 민족이 만세를 외칠 때
나라부터 지켜야한다는 정신으로 태릉골을 향했던 청년들
그들이 바로 최초의 정규양성교육 선발의 육사 10기
장교정예화의 첫 선발의 자랑스런 생도 1기였습니다

태릉의 육사에서 배고픔과 추위를 벗삼아 견디며
38도선 북한군의 도발에 노심초사 나라를 걱정하던 생도들
힘겨운 길인 줄 몰라서 택한 군인이 길이 아니었기에
동기생의 어깨를 두드리며 걷기로 했던 절차탁마 생도 1기였습니다

(2)
불멸탑 앞에 서면 쏟아지는 눈물이 앞을 가리고야 마는 건
그 젊음, 그 기백, 그 꿈을 다 던져 싸웠던 생도 1기 그리고 2기!
'위국헌신 군인본분'의 의미를 알기도 전에 적과 싸웠던
명령에 살고 명령에 죽는 육사투혼의 신화가 되신 님들이셨습니다

불멸탑에 새겨진 충혼시 <우리 이곳에서 피어나다>에는
"이곳에서 쓰러져
전쟁은 머물고
아득한 시간
지금은 벗들의 뜨거운 가슴에 누워있다"라고

(3)
피로 지켜내신 조국의 자랑스런 모습과
화랑대에 울려퍼지는 후배생도들의 군가소리는
생도 1기, 2기의 부활이요 불멸의 현신이리니
불멸탑의 육사혼은 백년 천년 이어갈 것입니다

호국의 영웅으로 저 밤하늘에 별이 되신 님들이시여!
"풍진노도 헤쳐나갈 육사불꽃"으로
"백사고쳐 쓰러져도 육사혼"으로
"그 이름 그 이름 우리 육사"라고 불멸의 신화神話가 기록되었습니다.

<육사 제81기 졸업 및 임관 축시>

화합하여 미래를 이끌어갈 추성들이여

(1)
2021년 태릉골 화랑대에는
청운의 꿈 가득한 영재들이 모여들어
'참아라, 참아라 그리고 또 참아라'는
자신과의 싸움에 도전했던 아기 사자들
눈밭을 뒹굴며 포효하던 그해 겨울이 매서웠습니다

사관생도신조를 화랑 오계 삼고
'지인용' 교훈을 가슴에 새기며
'내 생명 조국을 위해' 바치고자 했던
극기의 길 4개 성상을 추억으로 간직한 채
이제 어머니 품 같았던 화랑대를 떠날 시간입니다

(2)
두 어깨에 빛나는 소위 계급장은
불암산 푸른 하늘 위로 민족정기 내려와
태릉골 너른 땅 아래로 호국영령 숨쉬는
호국의 성지 화랑대가 무운장구 기원하며
화합으로 미래를 이끌어갈 추성들에게 부여한 영광입니다

그리하여 화율 81기 추성들이여!
창의궐기 죽창 든 의병정신으로
무장투쟁 독립군의 항일투혼으로
풍찬노숙 광복군과 육탄돌격 국군의 충성심으로
전투력의 창끝이 되어 최전선의 불침번이 되어야 합니다

(3)
조국과 국민께 맹세한 임관선서를 **뼈**에 새겨
강재구 소령의 살신성의로 목숨 던질 수 있는
위국헌신 군인본분과 임전무퇴의 참 군인으로
조국을 위해서라면 아낌없이 헌신하겠다는
빨간 루비 육사인으로 살고 죽어야 영원히 사는 겁니다

드디어 화랑성에 진군의 북소리 울려 퍼지며
조국강토를 수호하고 자유민주주의를 지키라는
신성한 군령이 화율 81기에게 내려졌으니
적과 싸우면 반드시 이기는 수사불패로
백두산 정상에 태극기 꽂는 화율[8] 81기가 되어야 합니다

아! 호국의 성지, 불멸의 화랑대여!
무쇠같이 뭉치어진 육사 불꽃이여!
백사고쳐 쓰러져도 육사 투혼이여!
대한민국을 지켜온 불굴의 육사인들이여!
화합하여 미래를 이끌어갈 화율 81기여!
그대들의 장도에 무운장구하시라!

---

8) 화율(和率) : 서로 화합하여 미래를 이끌어갈 우리 군의 푸른 싹이 되자는 81기 생도들의 의지를 담은 애칭

박선영 진실·화해를 위한 과거사정리위원장 취임 축시>

진화성眞和星을 위한 노래

(1)
어두운 밤하늘입니다
'어둡다'는 그나마 밝은 하늘색 입니다
그 속에서 한 점 빛으로
찬연한 별 하나 보셨습니까?

그 별의 이름을 시인은 진화성이라 했습니다
블랙홀을 뚫고 빛나는 초신성처럼
진실을 찾고, 아픔을 어루만지며
역사의 밤하늘에 별 하나 반짝이는 걸 보셨습니까?

거친 파도 속에서도 좌초하지 않는 배처럼
오직 정의의 깃발을 높이 들고
험난한 항해를 시작한 그 배는 물망초호였습니다

(2)
망망대해, 흉흉한 파고, 칠흑의 어둠 속에서
그 배의 항로를 이끌어가는 별빛 하나는
진실이며, 화해이며, 애국이며, 애민이고
이 모든 정성들이 진화성의 별빛으로 모였습니다

국군포로의 마지막 외침을 잊지 않고
조국을 대신하여 희망과 사랑을 심어주신 꽃 물망초
불의의 벽앞에서도 굴하지 않고

"죽으면 죽으리라" 단식투쟁, 에스더가 되신 분께
"두려워말라, 놀라지말라, 함께 하리라"하시는 분이 도우십니다

지금 찬탈을 꿈꾸는 반역의 무리들 속에서
불법과 무법의 광란의 촛불 앞에서
시대와 역사를 가름하는 반듯한 결기決起로
헤치고 열고 뚫고 향하여 기도하는 여장부女丈夫
진실과 화해의 진화성의 빛이 되어 영원할 것입니다.

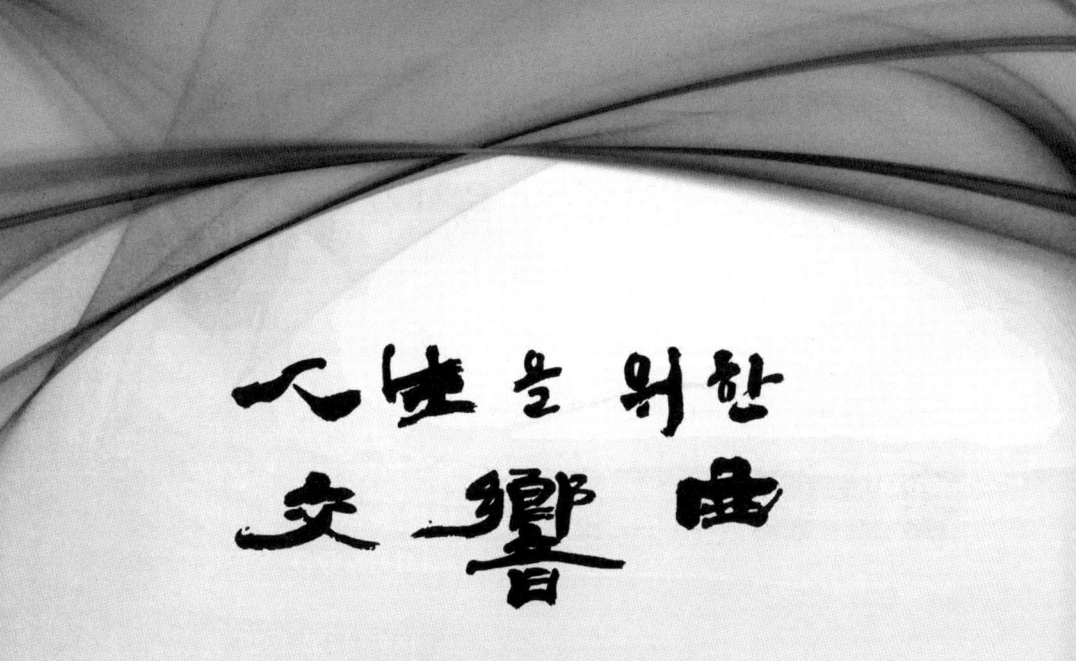

人生을 위한 交響曲

시인 장승재를 말하다

공파(共把) 이석복(수필가, 화랑대문인회 회장, 예비역 소장)
　　　　　박종규 (시인, 대지문학회 회장, 목사)
신재(信材) 주은식(한국전략문제연구소장. 예비역 준장)

시인 장순휘를 말하다 ①

장순휘 호국시인은 육사가 배출한 인재

공파(共把) 이 석 복
· 수필가
· 화랑대문인회 회장
· 예비역 소장

항산 장순휘 시인의 여섯 번째 개인시집 『인생을 위한 교향곡』의 상재(上梓)를 화랑대문인회 전 회원과 함께 축하드립니다. 항산 시인은 화랑대문인회의 사무총장으로 호국애국문학의 발전을 위해 헌신적으로 봉사를 하고 있습니다. 지난 2023년과 2024년 제1회 및 제2회 호국애국 시수필화 특별전과 제28회 육사 화랑문예전 참여 및 육사생도 1, 2기 추모시화전 등 화랑대문인회의 모든 기획전을 추진하는 솜씨도 가히 인재 중의 인재라고 할 것입니다. 항산 시인은 국방안보 칼럼니스트로도 활약하면서 정론직필로 육사인의 가치관을 대변하고 있다는 점도 예사롭지않게 보고있습니다.

현재 인천메트로서비스사의 상임이사로 공직을 수행하면서 사무총장의 임무에 최선을 다하는 모습은 든든한 화랑대문인이자 육사후배로 동행하고 있습니다. 이처럼 공사다망한 항산 시인이 촌음을 아껴서 발표한 시를 엮어 여섯 번째 시집 『인생을 위한 교향곡』을 출간한다는 것은 열정의 결실이라고 생각합니다. 특히 항산 시인의 여섯 번째 시집이 호국시집으로는 '최다' 출간 기록이며, 육사출신 문인으로서 초유의 일이라 호국문학사적 의미를 부여하지 않을 수 없습니다.

항산 시인의 시들은 호국 · 애국 · 전쟁시(詩)에서 창의적인 통찰력으로 작품의 독창성을 인정받고 있습니다. 그래서 많은 행사에 초청되어 추모시, 헌정시, 축시 등을 발표하여 박수를 받는 모습은 선배의 한 사람으로서 자랑스럽습니다. 항산의 시는 우리 가운데 국가의 존망과 자유를 지키기 위한 역사와 가치를 형상화하고, 그 속에 숭고한 애국정신을 함의하고 있는 호국애국시의 전형을 보여주고 있습니다. 우리가 결코 잊지말아야 할 역사와 가치를 문학의 형식으로 승화시켜 전수하고자 소명의식으로 작품활동을 하고 있습니다.

장순휘 시인이 빚어내는 역사의식과 전쟁의 시대적 고찰 및 전투의 국면을 재해석해내는 시의 창발성은 단순히 과거의 영광을 재생하는 차원을 넘어서 현재와 미래를 향한 자각적 성찰을 남기고 있습니다. 궁극적으로 항산의 시들은 육사인의 가치관을 대변할 수 밖에 없는 태생적 배경에 연루하기 때문에 군사역사전문성에 충실한 호국애국시들이 핵심가치를 통찰하는 힘을 가지고 있습니다. 거침없이 역사의 정의와 시대의 재해석을 내리며 독자에게 감동을 전하는 항산의 시에 박수를 보냅니다.

벌써 6번째 시집 『인생을 위한 교향곡』을 출간하는 항산 시인을 격려하면서 연륜과 함께 성숙해지는 창작활동을 기대합니다. 장순휘 시인을 육사가 배출한 것은 우리의 자랑이라고 감히 말씀드립니다. 항산 시인의 창작열과 작품성이 조금 더 정제되어 호국시 쟝르에서 첫 노벨상 수상자로 선정되기를 기원합니다.

시인 장순휘를 말하다 ②

오래도록 문학을 통하여 빛나주시기를 소망하며

박 종 규
- 시인
- 목사
- 대지문학회 회장

육사인이며 호국 시인이신 장순휘께서 이번에 여섯번째 개인시집 『인생을 위한 교향곡』을 펴내신다는 말씀을 들었을 때 반갑기 그지없기에 먼저 진심으로 축하한다는 말씀을 드립니다.

모든 일의 성취과정이 그러하겠지만 장순휘 시인을 비롯한 모든 시인에게도 어려운 과정이 필연적으로 뒤따르게 되었을 것입니다. 특히 육사인으로서 문학을 한다는 것은 왠지 생뚱맞다는 느낌을 받을 수도 있겠지만, 오히려 장순휘 시인의 문학은 고통을 수반한 내면의 깊은 곳에서 샘물이 솟아 나오는 생수의 맛을 느낄 수 있다고 믿어 의심치 않습니다.

작품 하나하나가 생활에서 피워낸 소중한 꽃이라고 봤을 때, 그들이 생활을 얼마나 알차게 보내느냐에 따라서 작품의 결이 달라진다고 봅니다. 시의 제목만 보더라도 '사랑별', '마음에 피는 꽃', '사랑의 불씨' 등과 같이 생활에서 얻은 인생의 참 의미를 찾아서 문학작품으로 승화시켜 나갔다는 사실입니다. 말하자면 무수히 많은 모래 알갱이에 금을 찾아내는 것과 같습니다. 특히 제4부에서 '더 찬란한 오성장군의 빛으로', '꺼지지 않은 우둥불 철기 이범석 장군', '불멸탑의 육사혼' 등에서 알 수 있듯이 '애국시인'이요, '호국

시인'임이 분명합니다.

누구나 시의 소재가 살아온 인생의 경륜에서 오지만 그것을 하나의 문학작품으로 승화시키기란 쉽지 않습니다. 바로 시인의 역할이 생활 가운데서 인생의 진실과 아름다움을 찾아내는 일이기에 무엇보다도 남다른 체험과 인생의 깊이를 보는 장순휘 시인 만의 혜안으로 보았기에, 무엇보다도 살아온 인생의 향기가 풋풋하게 풍기고 있습니다.

장순휘 시인은 주어진 생활 가운데서도 현실을 그대로 드러내지 않으면서, 한 차원 더 높여서 또 다른 긍정적인 면에서 새로운 세계를 제시하고 있습니다. 아무나 할 수 없는 것입니다.

누구보다도 인생을 성실하게,
진실하게 살아온 장순휘 시인이여!
삶의 이야기가 알알이 꽃처럼 박히고
향기를 드러내고 있는 소중한 작품을 통하여
오래도록 빛내주시기를 소망합니다. 감사하며 축하드립니다.

시인 장순휘를 말하다 ③

항산 장순휘는 국민정신을 일깨우는 애국시인

신재(信材) 주 은 식
· 한국전략문제연구소장
· 예비역 준장

항산 장순휘 시인의 6번째 시집 『인생을 위한 교향곡』 상재를 진심으로 축하드립니다. 이번 시집은 애국시와 호국시, 그리고 안보 일선에서 국민 정신을 계도하는 귀한 작품으로, 시대의 요구에 부응하는 깊이있는 시적 사유를 담고 있습니다. 장시인은 '백두성산'을 통해 이미 남북통일의 염원을 우리에게 각인시켜 주었고, 지평리 전투기념관에 건립된 <미 육군 제2사단은 천하무적이다>라는 미2사단 창설 100주년 기념시비에도 미2사단의 혁혁한 전공과 한미동맹의 역사를 감동어린 시어로 영원히 빛내주었습니다. 그리고 창녕 박진전투 전승시비에서도 항산 시인의 <박진전투>는 미2사단 장병의 불굴의 투혼을 생동감있게 표현하여 한미동맹의 기념비를 남겼습니다.

이처럼 항산 시인은 이미 애국시인의 전형을 보여주었습니다. 이외에도 그는 수많은 호국애국시로 군인문학의 길을 밝혀왔습니다. 더욱이 화랑대문인회 사무총장으로서 매년 6.25전쟁 기념일에는 전쟁기념관에서 <호국애국 시화전>을 추진하여 대국민 계몽문학활동을 정착시킨 기획력은 호국문학의 발전에 큰 기여를 하고있습니다.

장박사는 호국과 애국시인으로서 깊은 사유에서 빚어낸 함축적이고 영롱한 시어를 통해 시대의 질곡을 대변하였고, 한민족의 역사와 한반도가 처해있는 분단의 아픔을 깊이 성찰하며 그 속에서 희망과 용기를 불어넣고 치유하는 작품들을 선보여 주고 있습니다. 특히 그의 시를 통해 전달되는 메시지는 단순한 감정의 표현을 넘어서, 우리 국민이 지켜야 할 가치와 정신을 되새기는 중요한 역할을 하고 있습니다. 웅혼한 기상이 풍겨져 나오고 용솟음치는 그의 시는 가슴을 뛰게 만듭니다. 가히 '언어의 마술사'라고 해도 과언이 아닙니다.

이번 여섯 번째 시집 『인생을 위한 교향곡』은 그동안 빚어낸 주옥같은 시들로 인생에 대한 관조와 철학 그리고 호국애국시 중 대표적인 시를 담고 있습니다. 장 시인이 오랜 시간 동안 쌓아온 삶의 경험과 철학이 고스란히 담겨 있으며, 독자들에게 깊은 감동과 공감을 불러일으킬 것을 확신합니다. 또한 그의 시들은 국민의 정체성과 안보의 중요성을 다시 한 번 일깨우는 계기가 될 것입니다.

항산 장순휘 박사의 작품이 많은 이들에게 사랑받고, 우리의 마음속에 호국과 애국의 불꽃을 더욱 활활 타오르게 하기를 기대합니다. 다시 한번 여섯 번째 시집 『인생을 위한 교향곡』 상재를 축하드리며, 앞으로의 활동에도 많은 응원과 지지를 보냅니다.

인생을 위한 교향곡

장순휘 제 6 시집

발 행 일   2025년 2월 28일
지 은 이   장 순 휘
발 행 인   장 순 휘
발 행 처   (주)동서문화출판사 (032-888-3333)
            인천광역시 미추홀구 경인로 17, 1층

ISBN   979-11-86988-33-6
값 15,000원

* 이 책의 내용을 전부나 일부 재사용하려면 저작권자와
  도서출판 동서문화출판사 양측과 협의하여 주시기 바랍니다.
* 파본은 구매 서점에서 교환하여 드립니다.